# CIEN PALABRAS

# CIEN PALABRAS

## Pequeño Diccionario de Autoridades

Por Rosa Navarro Durán

Ilustrado por Noemí Villamuza

edebé

© Edición: EDEBÉ, 2013
Paseo de San Juan Bosco, 52 (08017 Barcelona)
www.edebe.com
Atención al cliente 902 44 44 41 contacta@edebe.net
Dirección editorial: Reina Duarte
Editora: Marta Sans
Diseño: BOOK & LOOK

ISBN 978-84-683-0903-3
Depósito Legal: B. 18073-2013
Impreso en España
Printed in Spain

# ÍNDICE GENERAL

# PRÓLOGO

No dejemos a las palabras abandonadas en los diccionarios. Están allí para que las saquemos a la luz del día y puedan permitirnos ser más precisos cuando hablemos y, sobre todo, cuando pongamos todo nuestro cuidado al escribir. Hemos de recurrir al diccionario también cuando leemos un libro, en el que podemos tropezar con muchas voces que nos resulten desconocidas. Para entrenarnos en esta tarea, Rosa Navarro ha acudido a unos cuantos novelistas y les ha tomado prestadas sus palabras. Pretende así que os animéis a leerlos poniendo en ello todo vuestro cuidado.

Las palabras son las protagonistas de este librito. Vale la pena seguirles la pista conociéndolas y usándolas, aunque algunas pueden parecernos un poco raras. Ya veréis como un día os resultarán muy útiles. ¿No creéis que es imprescindible saber qué significa *vigoroso* o *alero*? ¿No os parece igualmente necesario poder responder a alguien que os pregunta si el camino que lleva a vuestra casa se *bifurca* un poco más allá? Tanto como entender qué significa que alguien se encuentra en una *encrucijada*. Si conocéis estas palabras vais a disfrutar viendo cómo las emplean unos cuantos escritores; si, en cambio, no sabéis qué significan, bien está que las aprendáis cuanto antes, para no tener la sensación de ser extranjeros cuando leáis en vuestra lengua.

Lo mismo que con las palabras ocurre con los textos en que estas aparecen. No saber quién es Augusto Monterroso o Emilia Pardo Bazán o Juan Goytisolo supone algo así como sentiros ajenos a una cultura en que estos escritores son muy apreciados. Lo son porque han escrito obras que merece la pena leer, que re-

sultan además entretenidas y con cuya lectura podéis mejorar incluso vuestra forma de expresaros. ¿No os entran ganas de tomar en vuestras manos uno de estos textos y aventuraros a completarlo? Pongamos, por ejemplo, este fragmento de un cuento de Rubén Darío, que dice así:

*En el centro de la ciudad colosal estaba la morada del rey, toda de mármol y piedra de ónice coronada por maravillosas cúpulas y torres; y en medio de ella, en un quiosco primoroso, rodeado de un delicioso jardín, en donde se veían lindísimas aves de magníficos colores y flores olorosas de países recónditos, vivía la hermosa hija del monarca, Psiquia, la cual superaba en blancura a las más blancas garzas reales y a los más ilustres cisnes.*

Pero este librito que tenéis delante no termina en sí mismo: quien lo ha escrito pretende animaros a que, en el futuro, cuando leáis un libro, os vayáis fijando en las palabras que no entendéis. Tenéis que buscarlas en el diccionario y llevarlas a vuestra memoria, para hablar y escribir cada vez mejor.

Un nadador no mejora su estilo ni su marca si no se entrena a diario. Para entender mejor a los demás, para expresaros con más precisión vosotros mismos, bueno será que os entrenéis de la manera que se os propone en este libro. Os aseguro que, si os lo tomáis en serio, no vais a disfrutar menos mejorando en vuestra manera de hablar y escribir de lo que disfrutáis con otras aficiones vuestras.

Ánimo y a ello.

**JOSÉ ANTONIO PASCUAL**
Vicedirector de la Real Academia Española

# LAS PALABRAS SON PARA TI

Las palabras en un diccionario son como mariposas disecadas; pero si aprendes su significado y las usas, podrás devolverlas a la vida. Y ellas, agradecidas, te ayudarán a contar lo que sientes, lo que quieres, lo que piensas.

Te ofrezco cien palabras para que las hagas tuyas, para que las uses, les des alas, y así puedan volar. Pero como no quería dártelas secas, con su solo sonido y con la etiqueta de su contenido al lado, he puesto junto a cada una de ellas un fragmento de un texto en donde aparecen, donde las usa un escritor. Así las entenderás mejor, verás los matices de sus alas, y te darás cuenta de que no están muertas, solo dormidas en las páginas de los libros. Te están esperando a ti, a que las aprendas y les des otras compañeras. Así ellas estarán a gusto, y tú hablarás y escribirás mucho mejor porque cada palabra que aprendemos es una pequeña conquista, un pequeño tesoro que nos enriquece pues podemos expresarnos mejor y entender mejor a los demás.

Precisamente Sebastián de Covarrubias llamó *Tesoro de la lengua castellana o española* al primer diccionario del español —publicado en 1611—, donde explicaba por primera vez el significado de las palabras de esta lengua. Por ejemplo, si buscamos la palabra *gato,* vemos que, debajo de *gato y gata,* dice: «el gato es animal doméstico, que limpia la casa de ratones». Y después de contarnos de dónde viene la palabra y citar a escritores antiguos que hablan de él, sigue describiéndolo: «El gato es animal ligerísimo y rapacísimo, que en un momento pone en cobro lo que halla a mal recaudo; y con ser tan casero jamás se domestica, porque no se deja llevar de un lugar a otro si no es metiéndole por engaño en un costal, y aunque le lleven a otro lugar, se vuelve, sin entender cómo pudo saber el camino».

Tal vez no entiendas que quiere decir «rapacísimo», «poner en cobro» o «mal recaudo», pero más o menos habrás comprendido que dice que el gato es muy ladrón y que en un pispás roba lo que no está bien guardado; y quizá no te resulte familiar la palabra «costal», pero puedes cambiarla por «saco», y así verás cómo a Covarrubias le tenían muy admirado la rapidez y la inteligencia de los gatos, capaces de encontrar el camino de vuelta a casa aun sin haberlo visto.

¿Tienes curiosidad por saber cómo define Covarrubias al perro? Pues vamos a buscar la palabra *perro* en el *Tesoro* y nos encontramos con la palabra *perro* (y no *perro y perra*), y luego dice: «Animal conocido y familiar, símbolo de fidelidad y de reconocimiento a los mendrugos de pan que le echa su amo». Y nos hablará luego de «las muchas diferencias de perros», de los «de falda», o de los «que son para la caza, y otros para la guarda de la persona», y añade a «los perros del ganado, que son de tanta importancia a los pastores». Ya ves que es mucho más breve al hablar de él y que lo considera fiel y agradecido.

Yo no sé si alguien que no hubiera visto nunca un gato o un perro podría llamarlos así después de haber leído estas definiciones, ¿qué te parece? Fíjate en que dice del gato que es un animal «doméstico», de la casa, y del perro que es un «animal conocido y familiar», pero ¿y si no lo conoces o no lo has visto en casa alguna? Quizá si los vieras actuar... Te habrás dado cuenta de que definir las palabras, decir lo que significan, es muy muy difícil.

En 1713, hace ya trescientos años, se fundó la Real Academia Española; y publicó, trece años después, en 1726, el *Diccionario de la Lengua Castellana*, «en que se explica el verdadero sentido de las voces, su naturaleza y calidad». Vamos a ver cómo se define en él al gato:

*Animal doméstico y muy conocido, que se cría en las casas para limpiarlas de ratones y otras sabandijas. Tiene la cabeza redonda, las orejas pequeñas, la boca grande y rasgada, el hocico adornado por un lado y otro de unos bigotes a modo de cerdas; las manos armadas de corvas y agudas uñas, el cuerpo igual, y la cola larga. Relúcenle los ojos en la obscuridad como si fueran de fuego y tiene la lengua tan áspera que, lamiendo mucho en una parte, la desuella y saca sangre. Haylos de varios colores.*

Ya ves que ahora sí nos dan datos de cómo es el animal; tal vez exageran un poco con lo de la lengua áspera, y fíjate en que aumenta su caza: no solo ratones, sino «sabandijas», que pueden ser pequeños reptiles o insectos. Después de esa descripción, se añaden un par de fragmentos de textos de escritores en donde hablan del gato; recurren ya a «autoridades», es decir, a textos que avalan —garantizan— el uso de la palabra; y esos textos son de escritores con prestigio. Por esta razón, a ese primer diccionario «oficial» de la lengua castellana se le llama *Diccionario de Autoridades*. Es la base del actual *Diccionario de la Lengua Española* de la Real Academia Española, porque de él salieron los diccionarios que se fueron publicando a lo largo de los años. Copio ahora la definición de *gato* que figura en este diccionario, en su vigésima segunda edición (2001):

*Mamífero carnívoro de la familia de los Félidos, digitígrado, doméstico, de unos cinco decímetros de largo desde la cabeza hasta el arranque de la cola, que por sí sola mide dos decímetros aproximadamente. Tiene cabeza redonda, lengua muy áspera, patas cortas y pelaje espeso, suave, de color blanco, gris,*

*pardo, rojizo o negro. Es muy útil en las casas como cazador de ratones.*

Y en la que está a punto de publicarse, la 23.ª, se ha corregido algo y (como se avanza en la página web de la RAE), dirá así:

*Mamífero carnívoro de la familia de los Félidos, digitígrado, doméstico, de unos cinco decímetros de largo desde la cabeza hasta el arranque de la cola, que por sí sola mide dos decímetros aproximadamente. Tiene cabeza redonda, lengua muy áspera, patas cortas y pelaje espeso, suave, de color blanco, gris, pardo, rojizo o negro. Aún se emplea en algunos lugares como cazador de ratones.*

Puedes ver que se ha cambiado ligeramente la parte final, donde se habla de la habilidad del gato para cazar ratones. Lo que se modifica no afecta al propio gato, sino a las casas, porque así no se transmite la idea de que en todas las casas hay ratones; y además no se habla de «casas», sino de «lugares», que es un término mucho más amplio y, por tanto, menos preciso.

Después vienen los otros significados de la palabra *gato*, las clases de gatos, las frases hechas en que aparece (por ejemplo, «llevar el gato al agua» no significa la suma de sus palabras, sino triunfar en algo, lograr lo que uno se proponía) y el valor que tiene la palabra en otros países de habla hispana (en Argentina, en Perú...).

Advierte lo complicado que es hacer un diccionario completo y preciso, útil y claro. Yo no te ofrezco más que una pequeñísima parte de un diccionario, cien palabras solo, porque lo que quiero no es darte el álbum completo de mariposas disecadas, sino solo unas pocas para que las entiendas, las uses, las hagas tuyas, para que les des vida —como te dije—, y lo lograrás cuando las dejes volar por el aire en frases que tengan sentido, bien construidas, o cuando las dejes fijas en el papel al escribirlas junto a otras que les sirvan de buenas compañeras.

Las he definido de forma muy breve y luego he escogido un fragmento de un texto de un escritor —una novela, un ensayo— donde aparezcan; como ves, sigo el camino del *Diccionario de Autoridades*; pero de paso he aprovechado ese espacio de la «autoridad» —del escritor— que usa la palabra para ofrecerte trozos sugestivos de textos con la esperanza de que te gusten. Lo que sucede es que en ellos hay otras palabras que tal vez sean nuevas para ti, y por eso las he definido después, para que entiendas perfectamente el texto. Comprobarás que lo que más ayuda a entender lo que dicen las palabras es el contexto, es decir, lo que las rodea, la oración en la que están y las que la acompañan. Solo pongo el sentido que tienen en ese texto y, por tanto, tendrás que ver si en otros quiere decir lo mismo o varía un poco su significado.

Todos los textos que he escogido fueron escritos en el siglo XX o al comienzo de nuestro siglo XXI —siempre pongo el año junto al autor y el título de la obra en la que está—, porque el uso de algunas palabras puede cambiar a lo largo del tiempo, e incluso su significado, pero lo hace lentamente. Todos los escritores cuyo texto he puesto en el pequeño diccionario usan las mismas palabras que podríamos usar nosotros y con el mismo sentido. Verás que hay españoles, pero también

argentinos, mexicanos, colombianos, chilenos, de Uruguay, Paraguay, Cuba, Guatemala, Nicaragua..., nacidos en países de Hispanoamérica, porque su lengua es el español.

Cuando aprendas una nueva palabra, fíjate bien en cómo se escribe porque, si luego la escribes mal, harás una falta de ortografía, que es como un borrón en tu forma de expresarte por escrito. Para que podamos entendernos perfectamente, tenemos todos que escribir las palabras de la misma manera; si no, uno entendería una cosa y otro otra, y nos confundiríamos. Las palabras, como las mariposas, se posarían en los escritos, pero llevarían manchas negras en las alas, y tomaríamos una por otra; o las rodearía como una neblina —la falta de ortografía— que no dejaría verlas bien al lector.

Aquí van estas cien palabras para ti, para que sean tuyas, para que les des vida y para que tú, al usarlas, puedas expresar sentimientos, contar cosas, dar detalles, que, antes de conocerlas, no sabías cómo explicar. Las palabras son instrumentos para poder hablar con los demás, para poder contar lo que pensamos, lo que sentimos, para poder entender lo que se nos dice, lo que vemos escrito en cualquier sitio, para poder disfrutar de los libros.

Son solo cien las que te ofrezco, pero puede ser el comienzo de una suma para ti porque después podrás añadir a ellas otras cien y cien más, y otras mil y luego ciento...

# CIEN PALABRAS

# AHÍNCO

Empeño, deseo muy fuerte de hacer o conseguir algo.

*En la casa de un rico mercader de Ciudad de México, rodeado de comodidades y de toda clase de máquinas, vivía no hace mucho tiempo un perro al que se le había metido en la cabeza convertirse en un ser humano, y trabajaba con* **ahínco** *en esto.*

**Augusto Monterroso,**
*La oveja negra y demás fábulas (1969).*

# ALDABÓN

Aldaba grande, pieza de hierro o bronce que tienen algunas puertas, especialmente las antiguas, para llamar golpeando con ella.

*Si algún caminante,* **desoyendo** *este consejo, se metía por debajo del arco, se encontraba ante la verja enorme que guardaba la entrada del castillo. Era toda de hierro sobredorado y tenía en el centro un* **aldabón** *grande en forma de dragón. Este* **aldabón** *pesaba mucho y estaba colocado a bastante altura, de tal manera que solo una persona alta y* **vigorosa** *podía hacer uso de él. Pero cuando se usaba, sus* **ecos** *se extendían por todo el valle, sonoros como* **tañidos** *de campana.*

**Carmen Martín Gaite,**
*El castillo de las tres murallas (1983).*

**Desoír:** no hacer caso.

**Vigoroso, sa:** que tiene fuerza o vigor.

**Eco:** repetición de un sonido, que se va debilitando poco a poco.

**Tañido:** sonido de la campana.

# A

## ALERO

Parte inferior del tejado que sobresale de la pared y sirve para que el agua de la lluvia no caiga sobre ella.

*El lenguaje está hecho a base de imágenes, y nuestro pueblo tiene una riqueza magnífica de ellas. Llamar **alero** a la parte saliente del tejado es una imagen magnífica; o llamar a un dulce tocino de cielo o suspiros de monja, otras muy graciosas, por cierto, y muy agudas; llamar a una **cúpula** media naranja es otra; y así **infinidad**.*

**Federico García Lorca,**
«La imagen poética
de don Luis de Góngora» (1927),
publicado en sus *Obras completas* (1953).

**Cúpula:** bóveda en forma de media esfera con que se cubre un edificio o parte de él.

**Infinidad:** gran número, muchísimos.

## AMAINAR

Perder su fuerza, aflojar, normalmente una tormenta, la lluvia o el viento.

*Había **amainado** la **intensidad** de la tormenta; un gorrión posado en el **antepecho** de la ventana se sacudía las gotas de las alas y, con bruscos movimientos de su cabeza, estudiaba los árboles del otro lado de la carretera para elegir uno donde pasar la noche; en lo alto de aquellos chopos comenzaron a oírse los tímidos **gorjeos** de sus compañeros que, ocultos entre el follaje, le anunciaban el fin de la lluvia.*

**Juan Benet,**
*Volverás a Región* (1967).

**Intensidad:** fuerza. (Relaciona este sustantivo con el verbo *intensificarse*, definido más adelante).

**Antepecho:** barandilla que está ante una ventana, en la que uno puede apoyarse, e impide caerse a quien se asoma a ella.

**Gorjeo:** canto de algunos pájaros.

# AROMA

Perfume, olor muy agradable.

*De las hojas mojadas, de la tierra
húmeda, brotaba entonces un **aroma**
delicioso, y el agua de la lluvia
recogida en el hueco de tu mano tenía
el sabor de aquel aroma, siendo tal
la sustancia de donde aquel emanaba,
oscuro y penetrante, como el de un
pétalo ajado de magnolia.*

**Luis Cernuda,**
*Ocnos* (1942, 1963: 3.ª edición).

**Sustancia:** naturaleza de las cosas.

**Emanar:** desprenderse.

**Pétalo:** hoja de la corola de la flor.

**Ajado, da:** marchito.

# ASENTAMIENTO

Establecimiento, asiento, instalación.

*Estamos junto al mar, en una naturaleza
en la que el hombre lleva una vida
artificial, como si la isla no fuera un
definitivo **asentamiento,** ni una patria
pequeña, sino lugar de paso que
cualquier día abandonará por algo
mejor. Arena, falta de agua,
vegetación de desierto, incomunicación,
soledad de supervivientes.
Y no obstante, aquí un pueblo
ha levantado lo que necesita para vivir.*

**Ignacio Aldecoa,**
*Parte de una historia* (1967).

**Superviviente:** que sobrevive, es decir,
que sigue viviendo a pesar de las malas
condiciones de vida o de sufrir una
catástrofe.

# ATRANCAR

Cerrar una puerta por dentro con una tranca, un palo grueso y fuerte.

*Cada cual veía o imaginaba lo que le venía en gana. Pero el caso es que nadie le había visto salir ni entrar ni moverse, nada. Y luego decían que la puerta, su puerta, estaba* **atrancada** *por dentro, pero esto no es del todo cierto. No recuerdo que la echaran abajo.*

**Miguel Sánchez-Ostiz,**
*No existe tal lugar (1997).*

# BANDADA

Grupo de aves que vuelan.

*Recordaron que en sus bolsos, envueltos en servilletas y papel de aluminio, llevaban dos bocadillos de queso y se los ofrecieron, pero el poeta pareció no oírlas. Antes de que empezara a anochecer una* **bandada** *de grandes pájaros negros* sobrevoló *el parque para perderse después en dirección norte.*

**Roberto Bolaño,**
*2666 (2004).*

**Sobrevolar:** volar por encima de algún lugar.

B

## BIFURCARSE

Dividirse en dos ramales o brazos.

*Sabía muchas más cosas, y las **enunció** con voz segura, ningún **titubeo**, ninguna duda, su voz **renunciando** a cualquier envoltorio de interrogación mientras afirmaba que, más allá, una puerta con una vidriera de colores, cristales rojos, azules, verdes y amarillos, se abría a una especie de gran vestíbulo, donde arrancaban la escalera y un pasillo que se **bifurcaba** inmediatamente para conducir, a la izquierda, al gran cuarto de estar, y a la derecha, a la zona de servicio, dispuesta alrededor de la cocina, y entonces me miró. **Asentí** nuevamente con la cabeza, muda de asombro, y él debió de interpretar mi*

*gesto como una invitación a proseguir, y siguió hablando, describiendo una casa que nunca había pisado con una **precisión pasmosa**.*

**Almudena Grandes,**
*Malena es un nombre de tango (1994).*

**Enunciar:** exponer, expresar claramente una idea.

**Titubeo:** vacilación.

**Renunciar:** dejar voluntariamente de hacer algo o de tener alguna cosa.

**Asentir:** decir que sí.

**Precisión:** exactitud.

**Pasmoso, sa:** asombroso.

# BRINCAR

Dar saltos.

*Isabel alzó la cabeza al sol, cerrando los ojos, y la cabeza se le llenó de una suave obscuridad, en la que* **brincaban** *puntitos rojos, verdes y blancos. Oyó caer a Gregorio, y una voz dentro de la casa. El antebrazo de Gregorio le rozó las rodillas y, antes de que ella le hubiera ayudado, ya estaba sentado en el borde de la piscina con las piernas dentro del agua.*

**Juan García Hortelano,**
*Nuevas amistades (1959).*

# BRISA

Viento suave.

*Era además su padre un gran violinista. Gregorio lo recordaba tocando en cubierta, de pie, vestido de almirante y* **oscilando** *en la* **brisa** *de su propia música. Y también era buzo, y en una de sus* **inmersiones** *descubrieron intacta lo que* **acaso** *fuese una de las ciudades de la Atlántida, y entre otras cosas curiosas vieron un tiburón nadando* **a sus anchas** *en el salón del trono de un palacio, a una serpiente marina saliendo de una casa de baños y a una ballena que había quedado cautiva en una catedral.*

**Luis Landero,**
*Juegos de la edad tardía (1989).*

**Oscilar:** hacer movimientos de vaivén, como el que hace el péndulo de un reloj.

**Inmersión:** acción de introducirse, sumergirse, en el agua.

**Acaso:** tal vez.

**A sus anchas:** con libertad, a su gusto.

# BRIZNA

Hebra, parte muy pequeña de algo.

*Varias veces el aguanieve ya ha* **tecleado,** *en el cristal de las ventanas del estudio de Leopoldo, como en la pantalla gris de un ordenador, todas las letras del agua y de la nieve. Un* **impulso discontinuo** *más sólido y a la vez más* **tenue** *que las gotas de lluvia, estas* **briznas** *de aguanieve que* **conmemoran,** *al otro lado de las pesadas cortinas de terciopelo claro y del marco de la ventana y del cristal de la ventana, el firmamento uniformemente gris de esta tarde como un cielo* **raso** *universal del mundo.*

**Álvaro Pombo,**
*El cielo raso (2001).*

**Teclear:** pulsar las teclas.

**Impulso:** fuerza que lleva un cuerpo que se mueve.

**Discontinuo, nua:** no continuo, intermitente.

**Tenue:** delgado, débil.

**Conmemorar:** celebrar la memoria, el recuerdo de algo.

**Raso, sa:** liso, se aplica al cielo libre de nubes y de nieblas. En el interior de los edificios, el *cielo raso* es un techo de superficie plana y lisa.

# BROTAR

Nacer o salir la planta —o alguna cosa— de la tierra, o echar hojas la planta.

*En una vuelta del camino los árboles* **clarearon,** *se ensancharon cielo y tierra y* **divisé** *nuevamente el brillo del Gran Río.* **Brotó** *entonces del fondo de la tierra un* **alarido,** *que reconocí. Un alarido* **desprovisto** *de humanidad, imposible de ser* **emitido** *por la garganta de animal alguno. Solo las grutas o los* **abismos** *o el fondo de los océanos podían* **propagarlo** *así y sacudir —como en verdad creí que sucedía— desde el cielo a la tierra.*

**Ana María Matute,**
*La torre vigía (1971).*

**Clarear:** dejar ver la claridad, en este caso porque van siendo menos los árboles.

**Divisar:** ver, percibir algo aunque no muy claramente.

**Alarido:** grito muy fuerte.

**Desprovisto, ta:** falto de algo; en este caso, que carece de —que no tiene— humanidad.

**Emitir:** exhalar, lanzar, arrojar hacia fuera.

**Abismo:** profundidad muy grande, como la de los mares.

**Propagar:** extender, divulgar.

# BULO

Noticia falsa que se divulga con algún fin, normalmente negativo.

*El **bulo** es el principal alimento de los hombres. Crece con **inaudita** rapidez. Basta una frase, y ya es todo: corre, envuelve, gira, domestica, crece, **baraja**, **entrevera** noticias y **figuraciones**, busca bases, da explicaciones, resuelve cualquier **contradicción: panacea**.*

**Max Aub,**
«Enero sin nombre», en *Cuentos ciertos* (1955).

**Inaudito, ta:** nunca oído.

**Barajar:** mezclar, revolver.

**Entreverar:** mezclar, meter una cosa en otra.

**Figuración:** apariencia falsa.

**Contradicción:** lo que se contradice; es decir, lo que niega y afirma lo mismo a la vez, y así se destruye el sentido.

**Panacea:** remedio o solución para cualquier mal.

# CHAPUZÓN

Acción de chapuzarse o meterse de cabeza en el agua.

*Llegaba en mangas de camisa, sin corbata ni cuello, casi mojado aún de su* **chapuzón** *en la corriente. Unos ojos azules, como dos piedras* **límpidas** *sobre las que el agua hubiese pasado durante años, brillaban en la faz* **térrea**, *arcilla pura, donde la dentadura blanca, blanquísima, contrastaba con violencia como, efectivamente, una* **irrupción** *de espuma sobre una tierra* **ocre**.

**Vicente Aleixandre,**
«Evocación de Miguel Hernández»,
*Los encuentros* (1958).

# CENIT

Punto del hemisferio celeste que corresponde verticalmente a un lugar de la Tierra; es decir, es el punto culminante del cielo mirado desde la Tierra.

*El trueno, sordo,* **retumbante, interminable,** *como un bostezo que no acaba del todo, como una enorme carga de piedra que cayera del* **cenit** *al pueblo, recorre, largamente, la mañana desierta. (No hay por dónde huir). Todo lo débil —flores, pájaros—, desaparece de la vida.*

**Juan Ramón Jiménez,**
*Platero y yo* (1917).

**Retumbante:** que resuena, que hace un gran estruendo o ruido.

**Interminable:** que no tiene fin.

**Límpido, da:** limpio, puro.

**Térreo, a:** de tierra, parecido a ella.

**Irrupción:** entrada impetuosa en un lugar, embestida, estallido.

**Ocre:** de color amarillo, porque el ocre es un mineral terroso, un óxido de hierro hidratado, que se mezcla con la arcilla y es amarillo.

# CHIRRIAR

Rechinar, causar algo un sonido desagradable.

*El suelo, bajo los pies,* **chirría** *en la penumbra a cada paso. La madera reseca, gastada de tantos años, de tanto frotarla con arena, señala* **impertinente** *cada pisada, a medida que se avanza por la habitación. En verano suena también a solas, sobre todo al caer la tarde, cuando el sol cede y viene de lejos la primera brisa de la noche. Al sentarse en alguno de los pocos bancos que son tan solo tablones de madera, se oye también a la madera lamentarse. Todo cruje como si fuera a partirse, a romperse, incluso la escalera que sube hasta el rústico* **estrado** *y la* **tarima** *que ocupa el fondo de la sala.*

**Jesús Fernández Santos,**
*Libro de las memorias de las cosas (1971).*

**Impertinente:** que molesta.

**Estrado:** sitio de honor, algo elevado, donde se celebra un acto, particularmente en un salón destinado a ellos.

**Tarima:** zona del pavimento o entablado, superior en altura al resto.

# CHISPORROTEO

Acción de chisporrotear o despedir chispas reiteradamente, una y otra vez.

*Ella dejó a un lado la maleta y se sentó en el sillón que quedaba vacío, cerca de la chimenea. El* **chisporroteo** *del fuego era lo único que* **interrumpía** *el silencio. Se frotó las manos, dio un suspiro de* **alivio** *e inmediatamente se quedó dormida. Nos miramos unos a otros sin saber qué hacer ni qué decir.*

**José Luis García Martín,**
*Las noches de verano (2011).*

**Interrumpir:** cortar, detener.

**Alivio:** disminución de una fatiga, pena, peso que agobia.

# CHORREAR

Soltar un objeto el líquido del que está empapado.

*Por dentro, este café de la Rotonde tiene también mucho carácter. Todo está sucio y viejo; hay una estufa con tubos largos y gordos que atraviesan la pieza **chorreando** betún por los codos; en las paredes de cristal, empañado por el **vaho**, retratos de rusos **monárquicos** y de jugadores de ajedrez; sobre el mostrador, un gato gordo y grande que bosteza y se relame mientras los **conspiradores discursean**.*

**Manuel Chaves Nogales,**
*Lo que ha quedado del imperio de los zares* (1931).

Vaho: vapor.

Monárquico, ca: partidario de la monarquía, forma de gobierno en que el poder supremo corresponde con carácter vitalicio al rey.

Conspirador: persona que conspira, es decir, se alía con otras personas para actuar contra el poder; *conjurador.*

Discursear: charlar vivamente.

# COLOSAL

Enorme.

*En el centro de la ciudad **colosal** estaba la **morada** del rey, toda de mármol y piedra de **ónice** coronada por maravillosas cúpulas y torres; y en medio de ella, en un **quiosco primoroso**, rodeado de un delicioso jardín, en donde se veían lindísimas aves de magníficos colores y flores olorosas de países **recónditos**, vivía la hermosa hija del monarca, Psiquia, la cual superaba en blancura a las más blancas **garzas** reales y a los más ilustres cisnes.*

**Rubén Darío,**
«Historia prodigiosa de la princesa Psiquia»,
cuento publicado en *Blanco y Negro*
el 12 de mayo de 1906.

Morada: casa, residencia.

Ónice: ágata —mineral de cuarzo— listada de colores claros y muy oscuros.

Quiosco: templete o pabellón de estilo oriental.

Primoroso, sa: delicado, hecho con primor, con arte.

Recóndito, ta: muy escondido, oculto.

Garza: ave zancuda, de cabeza pequeña y largo pico, parecida a la cigüeña, que vive a orillas de los ríos y en terrenos pantanosos.

# COMBAR

Torcer, doblar una cosa.

*No es una voz con sueño la voz que
me llega a través del hilo telefónico.
Es una voz de negocios, **estricta**, bien
**timbrada**, metálica y a la vez preparada
para ablandarse como una flexible
lámina de hojalata que se **comba** según
las corrientes de aire, pero **tensa**: debe
de estar esperando la llamada de
un cliente.*

**Justo Navarro,**
*El alma del controlador aéreo (2000).*

**Estricto, ta:** riguroso, rígido.

**Timbrado, da:** voz agradable, como
si estuviera bien afinada en relación
con la del que habla.

**Tenso, sa:** en tensión.

# COMETA

a) Astro formado por un núcleo poco
denso y una atmósfera luminosa
que le sigue.

b) Juguete formado por una armazón ligera y plana, sobre la que se
pega papel o tela, y en la parte inferior se le pone una especie de
cola con cintas o trozos de papel.
Sujeto hacia el medio a un hilo o
cordel delgado muy largo, se arroja al aire, que lo va elevando.

*Siempre, desde muy niño, me ha
**intrigado** la bisexualidad o, mejor,
la **duplicidad** de género de la palabra
**cometa**. En sus dos versiones o
acepciones de astro y de juguete. El*

cometa era para los niños, estudiantes
de **cosmografía,** una estrella con rabo.
La cometa, un **liviano** escudo volador. Se
parecían en lo de la cola, pero mientras
el cometa podía ser **presagio** de
**malandanzas** y desaventuras, la cometa
era siempre gozosa, **incitadora**
al vuelo libre y a un tiempo palpitante
en nuestras venas, unida a ellas
por el cordón, medio rebelde,
medio gobernado.

**Gerardo Diego,**
«La estrella de papel» (1977),
en *El valor de los recuerdos* (1997).

Intrigar: inspirar o sentir curiosidad
por una cosa.

Duplicidad: calidad o condición
de doble.

Cosmografía: ciencia que estudia
y describe el cosmos, el universo.

Liviano, na: de poco peso, ligero.

Presagio: señal que indica y anuncia
un suceso.

Malandanza: mala fortuna, desgracia.

Incitador, ra: que estimula a hacer algo.

# COSTEAR

Navegar sin perder de vista la costa.

*Despacio, despacio va el barco*
**costeando** *estas tierras, como si hiciera*
*gran esfuerzo por* **desprenderse,** *como*
*si lo* **atrajeran** *las voces ardientes del*
*litoral. De pronto caen sobre la cubierta*
*muy grandes mariposas negras y verdes,*
*de pronto el viento silba con su aire*
*caliente desde tierra adentro.*

**Pablo Neruda,**
*Para nacer he nacido* (prosas recogidas en 1978).

Desprenderse: apartarse de algo.

Atraer: acercar y retener un cuerpo
a otro externo a sí mismo.

# DELATAR

Descubrir, poner de manifiesto algo oculto.

*El timbre sonó de un modo particular. Sonaba de un modo **particular** todas las tardes, pero aquel día se hizo notar más su particularidad. El timbre **delataba** el titubeo, la duda de quien lo oprimía temiendo que no respondiese la persona llamada, y aquella vez no respondió.*

**Rosa Chacel,**
*Barrio de maravillas* (1976).

Particular: especial, extraordinario.

# DEAMBULAR

Andar, caminar sin dirección determinada.

*Y entonces ya no me moví, sino que decidí seguir esperando en la calle, era demasiado tarde para buscar un hotel, debía habérseme ocurrido antes, me daba pereza volver al sitio de comida rápida, ya no quedaban tantos otros abiertos, no tenía más hambre, un poco de sed, no quería **deambular** ya más, estaba cansado de caminar y de notar el tiempo.*

**Javier Marías,**
*Corazón tan blanco* (1992).

# DESCIFRAR

Comprender algo escrito en clave o que es difícil de entender.

*¿Cómo **descifrar** entonces esas cartas? ¿De qué modo comprender lo que anuncian? Están en clave: encierran mensajes secretos. Porque eso son las cartas del **porvenir**: mensajes cifrados cuya clave nadie tiene.*

**Ricardo Piglia,**
*Respiración artificial (1980).*

**Porvenir:** tiempo futuro.

# DESEMBOCADURA

Paraje o lugar por donde un río desemboca —entra— en otro o en el mar.

Con el dedo índice recorría en la carta marina el borde de la costa, y encontraba la **desembocadura** del río, de su río, frente a la que estaban pintadas dos pequeñas islas, una alargada en forma de lagarto, y la otra redonda como la luna. El río estaba en verde, y venía haciendo largo camino desde lejanos montes, pasando bajo puentes que estaban muy bien dibujados con sus arcos gemelos. Le hubiese gustado que le fuese **concedido** el oficio, si lo había, de estar en la isla redonda de vigilante de la muerte del río en el mar.

**Álvaro Cunqueiro,**
*Un hombre que se parecía a Orestes* (1969).

Conceder: dar, otorgar.

# DESVANECERSE

Deshacerse, evaporarse, desaparecer.

*Una historia, cualquiera, se* **desvanece,** *pero la vida que ha sido* rozada *por esa historia queda por toda la* eternidad. *El recuerdo se borra, pero queda otra cosa en su lugar. La tierra toma formas eternas, mientras que el agua se adapta a la* fugacidad *de todas las cosas,* **transcurriendo** *sobre ellas.*

**César Aira,**
*Una novela china* (1987).

Rozar: tocar algo ligeramente.

Eternidad: perpetuidad o duración sin fin.

Fugacidad: condición que tiene lo que huye y desaparece rápidamente, lo que tiene una duración muy breve.

Transcurrir: pasar, correr; normalmente se aplica al tiempo.

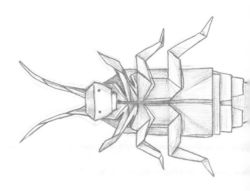

# EMBOZO

Doblez —parte doblada— de la sábana de la cama por la parte que toca al rostro.

*Se cubrió la cabeza con el **embozo** de la sábana y se acurrucó bajo las mantas apretando las rodillas contra el pecho hasta quedar hecha un ovillo. Tenía la boca seca. Intentó dominar el temblor que le sacudía el cuerpo. El corazón le latía en la garganta y las palpitaciones alcanzaban demasiado aprisa los oídos para poder **contenerlas**.*

**Ana María Moix,**
*Julia* (1970).

**Contener:** refrenar, moderar.

# ENSARTAR

Atravesar una cosa para formar, con ella y otras, una sarta o serie.

*Lidia, cuyo relato seguía su infantil **auditorio** con los ojos muy abiertos, no daba grandes detalles. Contaba que, primero, armada con un junco, salía ella a la pesca de ranas. Las pescaba y las iba **ensartando,** cuantas podía. Se echaba luego el junco a la espalda, como un fusil. El tierno **aguilucho** salía a su encuentro por el camino acostumbrado; se posaba en su hombro, mientras Lidia avanzaba: desde el hombro, el ave iba devorando las ranas, una a una. Cuando su **pitanza** había concluido, se echaba a volar lejos.*

**Eugenio d'Ors,**
*La verdadera historia de Lidia de Cadaqués* (1954).

**Auditorio:** conjunto de oyentes.
**Aguilucho:** pollo del águila.
**Pitanza:** ración de comida.

# ENTREMETER

Meter una cosa entre otras.

*El que sabe dormir es el que
se **entremete** la almohada entre
el hombro y la mandíbula como
si fuese el violín de los sueños.*

**Ramón Gómez de la Serna,**
*Total de greguerías (1955).*

# ESCUETO, TA

Breve, conciso, sucinto.

*En mi imprenta en París publiqué
el libro más breve de que tenga
memoria. Constaba de ocho páginas
y aparte de la portada, que llevaba
por título Un verso para una amiga,
solamente tenía impresa una palabra
en cada una de sus páginas. El total
de la composición dice: «Escucha mi
silencio con tu boca». Hice sin gran
esfuerzo la traducción al francés
y me pasé varios días imprimiendo
el **escueto** poema.*

**Manuel Altolaguirre,**
*El caballo griego (1939-1959; impreso en 1986).*

# ESPEJISMO

Ilusión óptica que lleva a ver cosas que no existen.

En verano vuelca el sol torrentes
de fuego sobre la Mancha, y a menudo
la tierra ardiente produce el fenómeno
del **espejismo.** El agua que vemos
no es agua real, pero algo de real hay
en ella: su fuente. Y esta fuente amarga,
que *mana* el agua del espejismo,
es la sequedad desesperada de la tierra.

**José Ortega y Gasset,**
«La agonía de la novela» (1912),
en *Meditaciones sobre la literatura y el arte.*

Manar: brotar o salir un líquido
de la tierra.

# ESTELA

Rastro o huella que deja algo que pasa.

Benjamín se sirvió un poco de arroz
que quedaba en la última bandeja.
Era el sabor de la canela lo que
arrastraba su memoria, con más **nitidez,**
hacia algún rincón **festivo.** El recuerdo
coincidía con la **estela** de un cercano
sueño, del que le quedaba la **difusa**
imagen de una celebración familiar,
en la que un grupo de niños, con las
blancas servilletas al cuello, aguardaban
alegres en el **escaño** de una cocina.

**Luis Mateo Díez,**
*La fuente de la edad* (1986).

Nitidez: limpieza, claridad.

Festivo, va: alegre, gozoso.

Difuso, sa: vago, impreciso.

Escaño: banco con respaldo.

dejados en el pasillo que comunica todas las habitaciones de una casa y que *obstruyen* toda posibilidad de tránsito, me levanté y me vestí, dispuesto a hacer frente a las dificultades del día.

**Soledad Puértolas,**
*La señora Berg* (1999).

**Girar:** mover circularmente algo, dar vueltas algo sobre un eje.

**Punzante:** que hiere por ser puntiagudo.

**Obstruir:** estorbar el paso, cerrar el camino.

# FARDO

Envoltorio relativamente grande de ropa, muy apretada.

Entretanto, y comprendiendo que, a pesar del cansancio, no iba a poder dormir, porque los pensamientos *giraban* sin parar en mi cabeza, no como objetos *punzantes* de la noche, sino como **fardos** enormes y pesadísimos

# FICTICIO, CIA

Inventado, fabuloso, fingido.

*Si yo tuviera poder, Eliacim, un poder realmente fuerte y no **ficticio,** mandaría fundir la campana de bronce que suena por encima de los montes y* **erigir,** *con su ardorosa carne, una estatua a los animales distraídos. Pero yo, hijo mío, no tengo poder; yo, Eliacim, no soy más que una pobre mujer sin fuerza ni poder alguno, sin fuerza ni poder para tirar al suelo, tan solo con un gesto, aunque en este gesto tuviera que* **hipotecar** *toda mi energía, la campana de bronce que suena por encima de los montes.*

**Camilo José Cela,**
*Mrs. Caldwell habla con su hijo (1953).*

**Erigir:** alzar, levantar, construir.

**Hipotecar:** arriesgarse a perder una cosa. Se emplea normalmente referido al dinero que pide prestado el comprador de una casa, que ha de devolver aunque para ello tenga que venderla.

# FRAGOR

Ruido estruendoso.

*A pesar de que los **postigos** de la ventana permanecían cerrados, se oía el ruido del torrente a espaldas de la casa. Había nevado durante varios días, luego había salido el sol, después había llovido, y ahora el torrente arrastraba toda el agua resultante del deshielo, y ramas secas y piedras, que, al ser transportadas, producían un tremendo **fragor.***

**Rafael Chirbes,**
*La larga marcha (1996).*

**Postigo:** puertecilla que hay en las ventanas, contraventana.

# FULGURANTE

Resplandeciente.

*Hay palabras abejas. Otras son palomas
errantes que vienen a posarse sobre
nuestros hombros **estremecidos**.
También hay palabras **resortes, sésamo
ábrete** de subterráneos palacios
de **gnomos** y princesas. El arte nuevo
va siempre buscando por el bosque
la anilla de hierro que alza la tapa
de la cima **fulgurante.***

**Benjamín Jarnés,**
*Ejercicios* (1927).

**Estremecido, da:** conmovido,
tembloroso.

**Resorte:** mecanismo con un muelle
que, al pulsarlo, permite abrir algo.

**Ábrete, sésamo:** palabras mágicas que
abren y cierran la boca de la cueva
donde los ladrones guardan su tesoro
en el cuento de *Alí Babá y los cuarenta
ladrones,* que forma parte de la
compilación de relatos árabes *Las mil
y una noches.*

**Gnomo:** geniecillo de muy pequeño
tamaño.

# GARBO

Elegancia, gracia en el movimiento.

*Safo tenía unos ojos tan vivos, y movía
con tanto **garbo** la cola, que ni siquiera
las orejas **gachas,** tan largas también
que se le metían en la **escudilla** de la
comida, conseguían darle un aspecto
triste. Safo era uno de los perros más
alegres, vitales, **tercos** y traviesos que
he tenido. Era muy suya mi perra Safo.*

**Esther Tusquets,**
«Recuerdo de Safo», en *La niña lunática
y otros cuentos* (1996).

**Gacho, cha:** encorvado, inclinado
hacia la tierra.

**Escudilla:** plato muy hondo en que
se servían los alimentos líquidos,
como la sopa.

**Terco, ca:** tozudo, obstinado, testarudo.

# GARFIO

Instrumento de hierro, curvo y puntiagudo, que sirve para agarrar, asir, algún
objeto.

*Entró en la cocina. Era esta grande
y espaciosa y algo oscura. Alrededor
de la ancha campana de la chimenea
colgaba una tela blanca planchada
sujeta por clavos. Del centro de la
campana bajaba una gruesa cadena
negra, en cuyo **garfio** final se
enganchaba un caldero. A un lado
de la chimenea había un banquillo de
piedra, sobre el cual estaban en fila
tres **herradas**, con los aros de hierro
brillantes, como si fueran de plata.*

**Pío Baroja,**
*Zalacaín el aventurero (1909).*

**Herrada:** cubo de madera, con grandes
aros de hierro o de latón, y más ancho
por la base que por la boca.

# GÉLIDO, DA

Helado, muy frío.

*Encontraron la calle húmeda por la
lluvia fina y regular que había caído
durante la tarde. Un viento de mar
**desolado** y frío que debía haber
comenzado a soplar hacía muy poco
había dejado el aire **gélido** como si
quisiera volver el invierno, pero el cielo
de claros y nubes y una **intermitente**
blancura de inocencia anunciaban
que de todos modos la primavera había
entrado. El cristal de un escaparate les
devolvió el reflejo de una luna invisible
que se escondía sobre los tejados
y las **azoteas** de la ciudad.*

**Rosa Regàs,**
*Luna lunera (1999).*

**Desolado, da:** afligido, triste.

**Intermitente:** que se interrumpe y luego prosigue o se repite.

**Azotea:** cubierta llana de un edificio, sin tejas, por donde se puede andar.

# GESTICULAR

Hacer gestos, movimientos de manos y rostro.

*Mairena no era un recitador de poesías. Se limitaba a leer sin* **gesticular** *y en un tono neutro, levemente musical. Ponía los acentos de la emoción donde suponía él que los había puesto el poeta. Como no era tampoco un* **virtuoso** *de la lectura, cuando leía versos —o prosa— no* **pretendía** *nunca que se dijese: ¡qué bien lee este hombre!, sino: ¡qué bien está lo que este hombre lee!*

**Antonio Machado,**
*Juan de Mairena. Sentencias, donaires, apuntes y recuerdos de un profesor apócrifo (1936).*

**Virtuoso, sa:** artista que domina la técnica de su instrumento; se aplica también a la persona que hace maravillosamente alguna cosa.

**Pretender:** tratar de conseguir algo.

# HAMACA

Red alargada, que, asegurada por los extremos en dos árboles o estacas, queda pendiente en el aire y sirve de cama.

*Era una noche densa, sin estrellas, pero la oscuridad estaba impregnada por un aire nuevo y limpio. Agotados por la prolongada travesía, colgaron las hamacas y durmieron a fondo por primera vez en dos semanas. Cuando despertaron, ya con el sol alto, se quedaron pasmados de fascinación. Frente a ellos, rodeado de helechos y palmeras, blanco y polvoriento en la silenciosa luz de la mañana, estaba un enorme galeón español.*

**Gabriel García Márquez,**
*Cien años de soledad* (1967).

Denso, sa: compacto, espeso.

Impregnado, da: empapado.

Prolongado, da: dilatado, extenso, que había durado mucho.

Pasmado, da: muy asombrado.

Fascinación: atracción irresistible.

Galeón: barco grande de vela, parecido a la galera, con tres o cuatro palos.

# HENDIDURA

Grieta, corte o abertura profunda.

*El agua que goteaba de las tejas hacía un agujero en la arena del patio. Sonaba: plas plas y luego otra vez plas, en mitad de una hoja de laurel que daba vueltas y rebotes metida en la hendidura de los ladrillos. Ya se había ido la tormenta. Ahora de vez en cuando la brisa sacudía las ramas del granado haciéndolas chorrear una lluvia espesa, estampando la tierra con gotas brillantes que luego se empañaban.*

**Juan Rulfo,**
*Pedro Páramo* (1955).

Estampar: señalar o imprimir una cosa en otra, aquí las gotas en la tierra.

Empañar: quitar el brillo o la claridad.

# H

# HUSMEAR

Rastrear algo con el olfato.

*No sé desde cuándo he cerrado
los ojos. Algo me toca en los zapatos,
me* **husmea.** *El enorme perro pone sus
patas en mi cintura, se estira, y ahora me
lame en la cara como un saludo. «Es un
perro», me digo en voz alta, «es solo
un perro, gracias a Dios», y no sé si estoy
a punto de reír, o llorar: como que
todavía quiero la vida.*

**Evelio Rosero,**
*Los ejércitos (2007).*

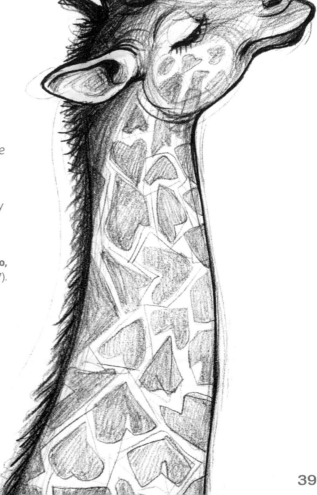

# IDENTIDAD

Condición que distingue a un ser o cosa de los otros, que permite reconocerlo.

*Al alba, un **escalofrío** recorre a los objetos. Durante la noche, **fundidos** a la sombra, perdieron su **identidad;** ahora, no sin vacilaciones, la luz los **recrea.** Adivino ya que esa barca **varada,** sobre cuyo **mástil cabecea** un papagayo carbonizado, es el sofá y la lámpara; ese buey degollado, entre sacos de arena negra, es el escritorio; dentro de unos instantes la mesa volverá a llamarse mesa...*

**Octavio Paz,**
«Risa y penitencia» (1962), en *Los signos en rotación y otros ensayos* (1971).

**Escalofrío:** sensación de frío repentina, acompañada de contracciones musculares. En el texto, se emplea en sentido figurado porque no se aplica a seres humanos, sino a objetos.

**Fundirse:** reducir a una sola cosa dos distintas. En el texto los objetos se funden con la sombra, es decir, dejan de verse.

**Recrear:** crear o producir de nuevo alguna cosa.

**Varado, da:** decimos que un barco está varado cuando está encallado en la arena o en las peñas.

**Mástil:** palo de una embarcación.

**Cabecear:** mover o inclinar la cabeza a un lado y a otro o hacia delante.

# IMPLACABLE

Que no se puede aplacar; es decir, que nadie puede detenerlo en su decisión.

*Mis ojos de niño conservaron mucho tiempo el espanto de lo que entonces vieron, y mis oídos han vuelto a sentir muchas veces las pisadas del fantasma que camina a mi lado **implacable** y funesto, sin dejar que mi alma, toda llena de angustia, toda rendida al peso de **torvas** pasiones y anhelos purísimos, se asome fuera de la torre, donde sueña cautiva hace treinta años.*

**Ramón del Valle-Inclán,**
«Del misterio» (1905), de *Jardín umbrío* (1920).

**Torvo, va:** de mirada aviesa, llena de maldad. En este caso se aplica a las pasiones desordenadas.

# INGRESAR

Entrar a formar parte de una corporación, de una institución.

*—¡Llega usted a tiempo, jovenzuelo! Desde hoy* **ingresa** *usted en mi periódico. Ha tenido usted suerte.*

*Y me* **admitió.** *Me admitió porque en aquella época no pasaba como pasa ahora, en que un periodista ha de saber escribirlo todo. En aquellos tiempos, cada periodista sabía escribir una sola palabra nada más. Y para redactar la* cabecera *que en aquel momento deseaba redactar el director, esto es: «Las carreras de caballos celebradas esta tarde», se tenían que reunir siete periodistas, o sea, a periodista por palabra. Faltaba el que supiese escribir «caballos», y llegué yo. Y por eso fui admitido inmediatamente.*

**Miguel Mihura,**
*Mis memorias (1947).*

Admitir: dar entrada, aceptar.

Cabecera: cabeza o principio de un escrito.

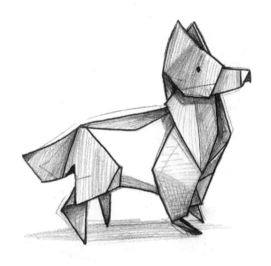

# INTENSIFICARSE

Aumentarse, hacerse más intenso, más fuerte.

*La belleza de los contrastes se* **intensificaba** *conforme atardecía. El cielo era más azul, la nieve más blanca y los cipreses y edificios sobresalientes de la ciudad parecían* **absorber codiciosamente** *los últimos rayos del sol. Luego, mientras la* **penumbra** *se* **adueñaba** *del ámbito urbano y las cigüeñas volaban con serenidad hacia sus nidos, la cordillera* **acaparaba** *la luz, la densa* **condensación** *de la luz, como en la* **apoteosis** *de una* **diva** *que* **extrema** *la fuerza y ardor de su arte ante la* **inminente** *caída del telón.*

**Juan Goytisolo,**
*Telón de boca (2003).*

**Absorber:** aspirar, atraer un cuerpo hacia el interior de otro.

**Codiciosamente:** con codicia o afán excesivo de alguna cosa buena.

**Penumbra:** sombra débil entre la luz y la oscuridad, que no deja ver dónde acaba una y empieza la otra.

**Adueñarse:** apoderarse, hacerse dueño de algo.

**Acaparar:** apropiarse de la mayor parte de algo, sin dejar casi nada a los demás.

**Condensación:** concentración, reunión; *condensar* es en realidad convertir un vapor en líquido o sólido.

**Apoteosis:** ensalzamiento de una persona con grandes honores o alabanzas.

**Divo, va:** artista muy famoso del mundo del espectáculo; el término *diva* se aplica sobre todo a las cantantes de ópera.

**Extremar:** llevar una cosa a su extremo, a su máximo.

**Inminente:** que está a punto de suceder.

# INTERFERIR

Interponer algo en el camino de una cosa o en una acción.

*En el instituto, una profesora les había pedido que contestaran a una pregunta. «Si no hubieras sido persona, ¿qué te hubiera gustado ser?». Ella había escrito: pájaro. Luego debía explicar por qué. Era fácil escribir el porqué de ser pájaro. Pájaro libre, pájaro que vuela sobre las cosas, pájaro que **emigra** buscando el frío o el calor, pájaro vagabundo. Sin embargo, algo **interfirió** la **fogosa** defensa de su elección. Una sombra de duda, miedo, inseguridad. Rompió la hoja y empezó de nuevo.*

**Josefina R. Aldecoa,**
*La enredadera* (1984).

**Emigrar:** cambiar periódicamente de clima o lugar algunas especies animales (en el texto). Aplicado a personas, significa abandonar el país propio para establecerse en otro extranjero.

**Fogoso, sa:** ardiente, demasiado vivo.

# JADEAR

Respirar más rápidamente de lo normal por efecto de algún trabajo o ejercicio impetuoso.

*Nadie corre más que él. Él es el único que está obligado a correr todo el tiempo. Todo el tiempo galopa,*

*deslomándose como un caballo, este intruso que **jadea** sin descanso entre los veintidós jugadores, y en recompensa de tanto sacrificio, la multitud **aúlla** exigiendo su cabeza. Desde el principio hasta el fin de cada partido, sudando a mares, el árbitro está obligado a perseguir la blanca pelota que va y viene entre los pies ajenos.*

**Eduardo Galeano,**
*El fútbol a sol y sombra* (1995).

**Galopar:** cabalgar en un caballo que va al galope, no muy deprisa y acompasadamente. En el texto, es el personaje el que corre como un caballo.

**Deslomarse:** agotarse por el excesivo esfuerzo o el trabajo.

**Intruso, sa:** que se ha introducido en un lugar, sin tener derecho a hacerlo.

**Aullar:** dar aullidos (aúllan los perros, lobos y otros animales).

# JAURÍA

Conjunto de perros que cazan mandados por la misma persona.

*¿Tú has corrido alguna vez de noche sola por el campo, sintiendo como si llevaras detrás una* **jauría,** *sin saber realmente ni por dónde vas ni en qué sitio del mundo te van a* echar una miserable mano? *Pues con todo y con eso, aquello era lo más parecido que había a la felicidad. Ahora es cuando me doy cuenta del todo. Un preso se fuga y por más libre que se sienta y por más que logre hallar un escondite, siempre lleva una trampa pegada a los pies. Pero no le importa. Pues lo mismo iba yo, Sagrario, y tampoco me importaba. ¿O será que lo he soñado?*

**José Manuel Caballero Bonald,**
*Toda la noche oyeron pasar pájaros (1981).*

Echar una mano: ayudar.

# JIRÓN

Pedazo desgarrado del vestido o de una tela; aquí se aplica a las nubes.

*Las nubes tiradas en* **jirones,** *más abajo del avión, no parecen ya de* tul. *Con el día, parecen trapos puestos a secar sobre el suelo. Y el suelo, con sus sembrados recortaditos, también parece una* trapería. *El sol hace la limpieza matinal del ambiente. Llega a distinguirse todo demasiado bien. Los caminitos son unas expresiones* invertebradas, *sin armonía y sin vigor. La* vivacidad *del tren es de un gran efecto cómico. El río, el Loire, parece la camisa aplastada de un lagarto. Todo son parecidos y comparaciones en el espectáculo de la tierra a vista de pájaro.*

**Corpus Barga,**
*París-Madrid. Un viaje en el año 19 (1920).*

**Tul:** tejido delgado y transparente, muy apreciado.

**Trapería:** conjunto de muchos trapos (en el texto); también se llama así a la tienda donde se venden trapos u objetos usados.

**Invertebrado, da:** sin columna vertebral, sin una estructura que dé cohesión. Su sentido recto se refiere a los animales que no tienen columna vertebral.

**Vivacidad:** con viveza, con agilidad en la acción.

# JUBILARSE

Cesar en el ejercicio de su profesión u oficio, por razón de vejez o de largos servicios, normalmente con derecho a pensión.

*Recordé haber leído que el mejor lugar para **ocultar** una hoja es un bosque. Antes de **jubilarme** trabajaba en la Biblioteca Nacional, que guarda novecientos mil libros; sé que a mano derecha del vestíbulo una escalera curva se hunde en el sótano, donde están los periódicos y los mapas. Aproveché un descuido de los empleados para perder el Libro de arena en uno de los húmedos **anaqueles**. Traté de no fijarme a qué altura ni a qué distancia de la puerta.*

**Jorge Luis Borges,**
*El libro de arena* (1975).

**Ocultar:** esconder.

**Anaquel:** estante, tabla horizontal que se coloca en paredes, armarios, etc.

# K

## K

Duodécima letra del abecedario español y novena de sus consonantes; su nombre es ka.

Denis: Sí, doctor... Esto que estaba escondido en un rincón... Es un bastidor para bordar y hay una letra casi terminada.

Susana: ¿Qué letra?

Denis: La **K.**

Doctor: ¡Caramba!

Marquesa: (Asombradísima y con un ligero tono de misterio). ¡Extraño **artefacto!**

**Miguel Mihura,**
*El caso del señor vestido de violeta* (1954).

**Artefacto:** máquina o aparato.

## LÓBREGO

Oscuro, tenebroso.

*Urbano se **acodó** en la **balaustrada.** Arriba, entre el boscaje, desde el fondo **lóbrego,** algunas estrellas parecían desprenderse de las ramas y caer con nervioso y breve balanceo de pétalos deshojados. Las luciérnagas **tachonaban,** abajo, las praderas; eran como las estrellas ya caídas, y al apoyarse en tierra firme, tomaban un brillo más estático, más tranquilo; estrellas en reposo.*

**Ramón Pérez de Ayala,**
*Luna de miel, luna de hiel* (1923).

**Acodarse:** apoyar el codo en algún lugar.

**Balaustrada:** barandilla, *antepecho.*

**Tachonar:** adornar una cosa claveteándola con tachones o tachuelas grandes de cabeza dorada o plateada. Las tachuelas son clavos cortos de cabeza grande. En el texto se aplica a las luciérnagas, que son las que parecen tachones.

*escrito lleva su secreto consigo, dentro de él, no fuera como algunos creen, y solo se le encuentra adentrándose en él y no **andando por las ramas.***

**Pedro Salinas,**
*El defensor* (1948).

**Restauración:** recuperación.

**Mediador:** intermediario, el que media o intercede.

**Andarse por las ramas:** detenerse en lo menos importante de un asunto dejando de lado lo esencial.

# LOGRAR

Conseguir lo que se intenta.

*No hay más tratamiento serio y radical que la **restauración** del aprendizaje del bien leer en la escuela. El cual se **logra,** no por misteriosas y complicadas reglas técnicas, sino poniendo al escolar en contacto con los mejores profesores de lectura: los buenos libros. El maestro, en esto de la lectura, ha de ser fiel y convencido **mediador** entre el estudiante y el texto. Porque todo*

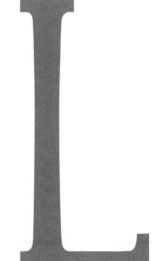

# LUCERO

El astro que en el cielo brilla más y parece mayor.

*En la negrura del firmamento brillan* **luceros.** *Pasarán siglos, pasarán centenares de siglos: estas estrellas enviarán sus* **parpadeos** *de luz a la tierra; estas aguas* **mugidoras** *chocarán* **espumajeantes** *en las rocas; la noche pondrá su oscuridad en el mar, en el cielo, en la tierra. Y otro hombre, en la sucesión* **perenne** *del tiempo, escuchará* **absorto,** *como nosotros ahora, el rumor de las olas y contemplará las luminarias eternas de los cielos.*

**Azorín,**
*Castilla* (1912).

**Parpadeo:** la acción de parpadear, que consiste en abrir y cerrar repetidamente los párpados; aplicado aquí a las estrellas que brillan intermitentemente.

**Mugidor, ra:** que muge; *mugir,* que normalmente se aplica a las voces que dan las vacas, se dice también del gran ruido que produce el mar o el viento.

**Espumajeante:** que espumajea, es decir, que arroja gran cantidad de espuma.

**Perenne:** continuo, incesante.

**Absorto, ta:** admirado.

# MAQUINAR

Tramar algo ocultamente, urdir.

*Apareció un insecto, muy grave, grueso, de patas* **sutiles,** *con negra vestidura reluciente. Andaba despacio, pesado, como* **reflexivo,** *y nos recordaba algún conocido nuestro, respetable varón que aparentaba* **maquinar** *profundidades y es posible que no piense ni haga nada.*

**Gabriel Miró,**
«La niña del cuévano» (1901),
en *Corpus y otros cuentos* (1929).

**Sutil:** delgado, delicado, tenue.

**Reflexivo, va:** que medita, que reflexiona.

**Cuévano:** cesto grande y hondo.

# RÓN

mira y lo hace con exceso o con
sidad.

apasionante, quizá, de la lectura,
es lo que se lee, sino la posibilidad
asistir al espectáculo único de un
mbre trabajando, creando con
labras su cesto de **mimbres** bien
**bados,** moviendo su linterna,
ciéndose una luz que se le oscurece
un lado cuando la ensancha por
o. La gente se para a ver a los obreros
e trabajan en la calle. El lector
nbién tiene algo de **mirón.** Me he
rado a ver trabajar a un hombre.
á abriendo una **zanja** de ideas, está
antando una **tapia** de palabras.

**Francisco Umbral,**
*Mortal y rosa* (1975).

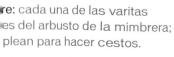

re: cada una de las varitas
es del arbusto de la mimbrera;
plean para hacer cestos.

r: juntar o unir una cosa con otra.

excavación larga y estrecha
e hace en la tierra para echar los
ntos, conducir aguas, etc.

pared, muro que cerca
reno.

# NEBLINA

Niebla poco espesa y baja.

*El invierno **moribundo** se despedía de
Miraflores con una súbita **neblina** que
se había instalado a media altura, entre
la tierra y la cresta de los árboles de la
avenida Larco: al atravesarla, las luces
de los faroles se debilitaban, la neblina
estaba en todas partes, envolviendo
y disolviendo objetos, personas,
recuerdos.*

**Mario Vargas Llosa,**
*La ciudad y los perros* (1963).

**Moribundo, da:** que se está muriendo.

# MATRACA

Rueda que al girar produce un gran ruido desagradable.

*Durante el Jueves y el Viernes Santo no sonaban las campanas de la torre. En su lugar se oían las* **matracas.** *En la* **bóveda** *del campanario había dos enormes cilindros de madera cubiertos de hileras de mazos. Al girar el cilindro, los mazos golpeaban sobre la madera hueca. Toda aquella maquinaria estaba encima de las campanas, y tenía un eje* **empotrado** *en dos muros opuestos del campanario, y engrasado con* **pez.** *Esas gigantescas matracas producían un rumor de huesos agitados.*

**Ramón J. Sender,**
*Réquiem por un campesino español* (1950).

**Bóveda:** obra de fábrica —o construcción— curvada, que sirve para cubrir el espacio comprendido entre dos muros o varios pilares; *cúpula.*

**Empotrado, da:** metido en la pared o en el suelo.

**Pez (la):** sustancia muy espesa y pegajosa.

# MENGUAR

Disminuir, reducirse.

*El pueblo todo observó que d Manuel le* **menguaban** *las f se fatigaba. Su voz misma, ac que era un milagro, adquirió temblor íntimo. Se le* **asoma** *lágrimas con cualquier moti todo, cuando hablaba al pue mundo, de la otra vida, tení detenerse a ratos cerrando*

**Migu
San Manu
y tres hist**

**Asomar:** sacar la cabeza por u abertura, normalmente una ve aquí se aplica a las lágrimas qu muestran a través de los ojos.

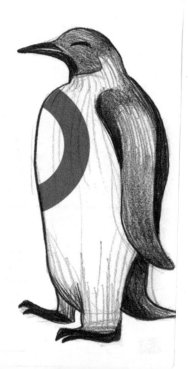

# NORIA

Máquina compuesta de dos grandes rue-
das, una horizontal movida por una pa-
lanca de la que tira una caballería, y otra
vertical que encaja en la primera y lleva
colgada una maroma o cuerda gruesa
con arcaduces —vasijas— para sacar
agua de un pozo.

*Pasaban lentamente por el canal,*
*viendo a la última luz de la tarde las*
*barracas aisladas de los pescadores,*
*con **guirnaldas** de redes puestas a secar*
*sobre las **encañizadas** del corral, y las*
***norias** viejas, de madera **carcomida**,*
*en torno de las cuales comenzaban*
*a **aletear** los murciélagos.*

**Vicente Blasco Ibáñez,**
*Cañas y barro* (1902).

**Guirnalda:** corona tejida de flores,
hierbas o ramas, con que se ciñe
la cabeza.

**Encañizada:** enrejado de cañas.

**Carcomido, da:** roído por la carcoma.

**Aletear:** mover las aves las alas
frecuentemente.

# NOSTALGIA

Tristeza provocada por el recuerdo de algo perdido que se echa de menos; melancolía, añoranza.

*Desde la mesa donde le sirvieron el desayuno solo veía el cielo y una **franja** estrecha de agua. Podría estar en un barco, pensó con **nostalgia.** Creía que en los barcos solo había que dejarse llevar y por eso siempre que se encontraba ante una **encrucijada** pensaba en los barcos con nostalgia. Tan pronto haya **liquidado la cuenta** y esté listo el equipaje, me iré al aeropuerto y allí esperaré a que salga el primer avión, pensó. No volveré a pisar las calles de Venecia, se dijo.*

**Eduardo Mendoza,**
*La isla inaudita (1989).*

**Franja:** faja, lista, tira.

**Encrucijada:** lugar en donde se cruzan dos o más calles o caminos; aquí se refiere a una situación difícil en que no se sabe qué camino seguir. (Relaciona esta palabra con el verbo *bifurcarse).*

**Liquidar (la cuenta):** pagar, saldar.

# OCIOSO, SA

Que está sin hacer nada.

*Fuimos a un bar del puerto, entre la **lonja** y el rompeolas, y nos sentamos junto a un ventanal desde el que se divisaba, a través del aire dorado y frío de la mañana, majestuosamente cruzado de gaviotas, toda la bahía de Blanes, con la **dársena** en primer plano, poblada de **ociosas** barcas de pesca.*

**Javier Cercas,**
*Soldados de Salamina (2001).*

**Lonja:** edificio público donde se juntan mercaderes y comerciantes para sus tratos y comercios; en el texto se refiere a la lonja de los pescadores.

**Dársena:** parte resguardada artificialmente en aguas navegables para descargar cómodamente las embarcaciones o para fondearlas.

# OPRIMIR

Ejercer presión sobre algo.

*Un miedo, hasta entonces desconocido, se apoderaba de él, habitándolo como una enfermedad. Ya no podía dormir una noche entera. Despertaba, a poco de acostarse, con la **impresión** de que todo lo **oprimía:** las paredes estaban ahí para **cercarlo**; el techo bajo,*

*para **enrarecer** el aire que respiraba; la casa era un calabozo; la isla una cárcel; el mar y la selva, murallas de una espesura inmedible. Las luces del alba le traían un cierto alivio.*

**Alejo Carpentier,**
*El siglo de las luces* (1962).

**Impresión:** sensación.

**Cercar:** rodear; poner cerco o sitio a una ciudad, a una fortaleza.

**Enrarecer:** hacer que escasee, que sea rara una cosa (lee el significado de *clarear*).

# OVAL

De figura de óvalo (curva cerrada, parecida a una elipse).

*No hay, sin embargo, que confiarse
demasiado. Puede que el espejo **oval** se
haya **conjurado** con sus enemigos para
devolverle la imagen que él desea ver.
Nunca confió demasiado en ese espejo.
Dios nos libre de los espejos **aduladores**.
Te peinas con la raya a la derecha
y en esos espejos traidores puedes ver
la imagen de un individuo que se peina
con la raya a la izquierda.*

**Javier Tomeo,**
*Napoleón VII (1999).*

**Conjurarse:** conspirar, unirse muchas
personas o cosas contra alguien. (Ha
aparecido ya la palabra *conspirador).*

**Adulador, ra:** que alaba
exageradamente a una persona
diciéndole lo que le puede gustar.

# PAR

Igual.

*Hombre sin **par,** Gabriel Miró. Guapo,
rubio, los ojos azules, tierno, **burlón,**
**gesticulante** con todo el cuerpo, con las
manos, con los mil **matices** de la cara
y de la voz. Brillantísimo, **ocurrente,**
artista que sabe su papel de artista; solo
a gusto en el **ámbito doméstico** o en el
íntimo rincón, pero ambicioso de gloria;
alegre, dolorido, apasionado.*

**Jorge Guillén,**
*Lenguaje y poesía (1962).*

**Burlón:** que suele hacer burlas, bromas.

**Gesticulante:** que gesticula, hace
gestos. (Está ya definido el verbo
*gesticular).*

**Matiz:** pequeña diferencia en un color
o gesto o expresión.

**Ocurrente:** que tiene ocurrencias
o dice ideas agudas, originales.

**Ámbito:** espacio comprendido dentro
de unos límites.

**Doméstico, ca:** de la casa u hogar.

# PLAGADO, DA

Lleno.

*Aún ahora, a pesar del tiempo
transcurrido, no me cuesta trabajo
alguno descifrar aquella letra infantil
**plagada** de errores, ni reconstruir
los frecuentes espacios en blanco
o las hojas **burdamente** arrancadas
por alguna mano **inhábil**. Tampoco
me representa ningún esfuerzo iluminar
con la memoria el **deterioro** del papel,
el desgaste de la escritura.*

**Cristina Fernández Cubas,**
*Mi hermana Elba* (1980).

**Burdamente:** de forma tosca, grosera,
sin cuidado.

**Inhábil:** sin habilidad, sin destreza
para hacer algo.

**Deterioro:** estropicio, desperfecto,
empeoramiento.

# PAULATINAMENTE

Poco a poco, despacio, lentamente.

*Así como en el curso de un largo viaje en
tren, el tipo de pasajeros que se sucede
va cambiando tan **paulatinamente**
como el paisaje exterior, de modo que
la continuidad del trayecto acaba siendo
el único punto de contacto entre
la partida y la llegada, así, con el paso
de los años, casi todo termina por tener
**vinculación** con la muerte y muy pocas
cosas con la vida.*

**Luis Goytisolo,**
*Recuento. Antagonía 1* (1973).

**Vinculación:** relación, unión.

# PROEZA

Hazaña, acción valerosa, meritoria.

*En aquel tiempo, a bordo de la «carabela», mientras aguardábamos el alba en cubierta, arropados en viejas y agujereadas mantas que normalmente servían para proteger el motor, solía contar sucedidos, pequeñas proezas de los años duros de su juventud. Un cierto patrón era capaz, sin tumbar la vela y guiándose solo por las señas de tierra, de recorrer el perfil de las rocas profundas sin enganchar el arte, pasando por estrechos de pocas brazas entre dos peñas submarinas.*

**Carlos Barral,**
*Años de penitencia* (1975).

**Carabela:** antigua embarcación muy ligera, larga y estrecha, con tres palos. (Se ha hablado ya de otro barco: el *galeón).*

**Aguardar:** esperar.

**Arte (de pesca):** aparejos —instrumentos— que sirven para pescar.

**Braza:** medida de longitud usada en el mar, que equivale a 1,6718 metros.

# QUEBRAR

Romper.

*Al salir a la calle nos recibió el aire fresco de la noche. Estábamos a finales de mayo, pero allí todavía caía bastante la temperatura en cuanto se iba el sol. Era una noche clara y despejada, con una luna a medio crecer, a cuyo resplandor se distinguía leve y fantasmal la cumbre predominante de la cordillera próxima. Siempre me ha gustado caminar en el silencio de la madrugada* *por las calles de los pueblos, y más cuando de pronto lo **quiebra** el tañido de las campanas. Sonaron las que daban la una, ahogando durante un instante bajo la aguda vibración del metal el ruido de nuestros pasos sobre el pavimento.*

**Lorenzo Silva,**
*La reina sin espejo (2005).*

**Predominante:** que predomina o excede en altura una cosa con respecto a las demás; la más alta.

# QUEDAMENTE

Sin hacer ruido, con tiento, con cuidado.

*Descendía sobre él el sueño, un sueño pesado, **irresistible,** pero aún oprimió dos veces la mano de Mamá antes de que sus deditos se aflojaran y su respiración se **acompasase**. Mamá permaneció unos minutos a su lado y, luego, se **incorporó quedamente, introdujo** la mano de Quico bajo las ropas y abandonó la habitación andando de puntillas.*

**Miguel Delibes,**
*El príncipe destronado (1973).*

**Irresistible:** que no se puede resistir, aguantar, oponerse a ello.

**Acompasar:** tener un ritmo medido, regular.

**Incorporarse:** levantarse.

**Introducir:** meter una cosa dentro de otra.

# RECODO

Ángulo que forman las calles, caminos o ríos.

*Muchos otros **recodos** de la vida, en los que recordaba haber pasado crisis peores que la que por entonces me **agobiaba**, fueron **evocados** esa tarde, sin resultado alguno, como es **obvio**. Resolví salir a la calle para andar un poco y aprovechar el buen tiempo. Dejé las **callejas** con los bazares hindúes y me iba acercando a la zona de los grandes hoteles cuando, sin señal alguna que lo **precediera**, empezó a caer un aguacero que bien pronto se convirtió en verdadera **tromba** que amenazaba arrastrar con todo. Me **guarecí** en la primera entrada que encontré.*

**Álvaro Mutis,**
*Ilona llega con la lluvia (1988).*

**Agobiar:** causar preocupación, angustia.

**Evocar:** traer alguna cosa a la memoria, recordar.

**Obvio, via:** evidente.

**Calleja:** calle estrecha.

**Preceder:** ir delante.

**Tromba:** chaparrón intenso, repentino y muy violento.

**Guarecerse:** refugiarse en algún lugar para librarse de las inclemencias del tiempo, en este caso de la tromba de agua.

# RELEVANCIA

Importancia, relieve.

*Hace tiempo que vengo observándolo en los escritores, pero también en las personas que no escriben. Cuando se quiere dar **relevancia**, interés, profundidad a un personaje, se le **adjudica** algún sufrimiento: mató sin querer a su amigo en un accidente de coche, de niño le golpearon, se le murió un hijo, tuvo una larga y dolorosa enfermedad, le abandonó su mujer, tiene quizás todavía un **soplo** en el corazón. Yo no tengo tragedia que me **avale**, señor director.*

**Belén Gopegui,**
*El lado frío de la almohada (2004).*

**Adjudicar:** atribuir algo a una persona.

**Soplo (en el corazón):** ruido peculiar que se aprecia al auscultar a una persona y que puede ser síntoma de una enfermedad.

**Avalar:** dar garantías a alguien por medio de algo.

# REMANSO

Lugar en que la corriente del agua se detiene.

*Inmóvil, miré alejarse, extrañamente agrandada contra el horizonte luminoso, aquella silueta de caballo y jinete. Me pareció haber visto un fantasma, una sombra, algo que pasa y es más una idea que un ser; algo que me atraía con la fuerza de un **remanso**, cuya hondura sorbe la corriente del río.*

**Ricardo Güiraldes,**
*Don Segundo Sombra (1926).*

Inmóvil: que no se mueve.

Agrandar: hacer más grande alguna cosa.

Sorber: absorber.

# REMOTO, TA

Lejano, distante.

*En casa había una enciclopedia de la que mi padre hablaba como de un país **remoto**, por cuyas páginas te podías perder igual que por entre las calles de una ciudad desconocida. Tenía más de cien tomos que ocupaban una pared entera del salón.*

**Juan José Millás,**
*El orden alfabético (1998).*

# ROCÍO

Vapor que con la frialdad de la noche se condensa en la atmósfera en gotas muy menudas —delgadas—, que aparecen luego sobre las plantas o sobre la superficie de la tierra.

*Se habían levantado tan temprano que no había terminado de amanecer. El **rocío** lo* empapaba *todo y cualquier cosa que tocaran estaba cubierta de pequeñas gotas. Era como si el pueblo entero hubiera estado* sumergido *en un lago durante la noche y sus aguas apenas acabaran de retirarse unos minutos atrás.*

**Gustavo Martín Garzo,**
*El pequeño heredero* (1997).

**Empapar:** humedecer una cosa de modo que quede penetrada por el líquido.

**Sumergir:** meter una cosa debajo del agua o de otro líquido.

# SILUETA

Perfil, contorno de una figura.

*Son las cinco de la tarde, la lluvia ha cesado, bajo la húmeda luz el domingo parece vacío. La muchacha entra en el café. La **observan** dos parejas de edad madura, un padre con cuatro niños pequeños. A una velocidad que demuestra su **timidez**, atraviesa el salón,*

toma asiento a una mesa en el extremo izquierdo. Por un instante se aprecia nada más la **silueta** a *contraluz* del brillo solar en los ventanales.

**José Emilio Pacheco,**
«Aqueronte», en *El viento distante*
(1963, y 2000, nueva versión).

**Observar:** mirar, examinar atentamente.

**Timidez:** actitud de una persona tímida, apocada.

**A contraluz:** vista de una cosa desde el lado opuesto a la luz.

# SIMÉTRICO, CA

Se dice que una figura o un cuerpo es simétrico cuando se da una correspondencia exacta entre sus partes. En este caso, los salones son iguales y están en el mismo sitio en cada uno de los pisos.

*Era un piso antiguo* **remodelado.** *Techos altos con* **molduras,** *puertas acristaladas, paredes* **estucadas,** *vacío. Había dos salones* **simétricos** *en los dos pisos, con ventanales a la plaza, comunicados por un* **tiro de chimenea.** *Era una casa hermosa, demasiado. Me desilusionó enseguida: ese no era el lugar, nuestro lugar.*

**Alejandro Gándara,**
*Un amor pequeño* (2004).

**Remodelar:** reformar, rehacer algo para mejorarlo.

**Moldura:** saliente de yeso pintado que adorna las paredes o techos de una habitación.

**Estucado, da:** que se iguala con estuco o pasta de cal apagada y mármol pulverizado.

**Tiro de chimenea:** corriente de aire que arrastra al exterior los gases y humos de la combustión.

# SOFISTICADO, DA

Refinado, elegante pero sin naturalidad.

*Ayer me dormí practicando una* **modalidad** *parecida a la de contar ovejas, pero más* **sofisticada.** *Empecé a* **memorizar,** *una y otra vez, aquello que decía Wittgenstein de que todo lo que se puede pensar se puede pensar claramente, todo lo que se puede decir se puede decir claramente, pero no todo lo que se puede pensar se puede decir.*

**Enrique Vila-Matas,**
*Bartleby y compañía* (2000).

**Modalidad:** modo de ser o de manifestarse una cosa, tipo, clase.

**Memorizar:** fijar en la memoria alguna cosa.

# SÚBITO, TA

Repentino.

*He leído que en las regiones **boreales**,*
*cuando llega el invierno, la congelación*
*de la superficie de los lagos ocurre*
*a veces de una manera **súbita**, por un*
*golpe de **azar** que cristaliza el frío, una*
*piedra arrojada al agua, el coletazo*
*de un pez que salta fuera de ella*
*y al caer un segundo más tarde ya es*
*atrapado en la lisura del hielo.*

**Antonio Muñoz Molina,**
*Beltenebros (1989).*

**Boreal:** septentrional, perteneciente
al polo ártico.

**Azar:** casualidad.

# SURCO

Hendidura que deja el arado. En este
caso se refiere a la huella profunda que
dejan las personas en la memoria.

*No puedo recordar algunos nombres,*
*pero sí el **surco** que dejaron algunas*
*gentes. Pasaron y marcaron. Hasta*
*hemos podido perder sus nombres, pero*
*están ahí en esa marca que nos dejaron,*
*y a veces nos duele, nos duele el*
*haberlos dejado de ver o el no haber*
*acertado la palabra justa para que*
*permaneciesen. Los hemos perdido.*
*¿Cómo encontrarlos? Algunos se han*
*separado de nosotros despreciándonos*
*porque no supimos **retenerlos**.*
*El recuerdo nos huye. Sí, es como si al*
*descuido hubiésemos abierto las manos*
*y todo lo que en ellas escondíamos*
*hubiera volado de un soplo.*

**María Teresa León,**
*Memoria de la melancolía (1970).*

**Retener:** conservar, impedir que alguna
persona o cosa se vaya, que
desaparezca.

# T

## TEDIO

Aburrimiento extremo.

*Me encontraba por aquel entonces
en una situación singular, nueva
para mí, que a ratos me sumía en el
**tedio** y la ensoñación: había dejado
la escuela y no tenía trabajo.*

**Juan Marsé,**
*El embrujo de Shanghai* (1993).

## TEMERARIO, RIA

Que se enfrenta de una manera impru-
dente a los peligros.

*Yo diría que el escritor es el más
**aventurero** de los hombres, el de
acciones más **temerarias.** Precisamente
tenemos en España un tipo como el
Quijote, que es el **intelectual** en acción.
Cervantes compuso su imagen para dar
salida a las ideas de justicia, de rebeldía
contra los atropellos que nos **atosigan**
a cada paso. Cervantes, aunque no
hubiera ido a Lepanto ni hubiese sufrido
cautividad en Argel, era un hombre de
acción porque llevaba dentro la lucha
de las ideas y de las sensaciones.*

**José Moreno Villa,**
*Vida en claro* (1944).

**Aventurero, ra:** que busca aventuras.

**Intelectual:** dedicado al cultivo de las
ciencias y letras.

**Atosigar:** inquietar, acuciar con
exigencias o preocupaciones.

# TÉTRICO, CA

Siniestro, lúgubre, tenebroso.

*Me encontré abandonado en una
calle desconocida de París, una calle
**tétrica,** con un paquete en la mano
cuyo contenido bastaría para hacerme
sospechoso a la policía, y un papelito
con una dirección escrita. Si el río
estuviese cerca, quizá lo hubiera
arrojado todo a su corriente y habría
huido luego. Eché a andar. Quería salir
cuanto antes de aquellas callejas que
me daban miedo, quería librarme de la
pistola. Pasó un taxi y me metí en él.*

**Gonzalo Torrente Ballester,**
*Don Juan (1963).*

# TRAJINAR

Afanarse yendo de un lado a otro haciendo algo.

*Todo era allí como un recuerdo: los
pájaros **rondando** alrededor de árboles
ya idos, furiosos por cantar sobre ramas
**pretéritas;** el viento **trajinando** de una
retama a otra, pidiendo largamente
copas verdes y altas que agitar para
sentirse sonoro; las bocas, las manos
y las frentes, buscando dónde
**sombrearse** de frescura, de amoroso
descanso. Todo sonaba allí a pasado,
a viejo bosque sucedido.*

**Rafael Alberti,**
*La arboleda perdida (1902-1931), 1959.*

**Rondar:** dar vueltas alrededor
de una cosa.

**Pretérito, ta:** pasado.

**Sombrearse:** tener o estar
en la sombra.

# TRIZAR

Hacer trozos pequeñísimos —trizas—
una cosa, destruir.

*Usted, como pasa tantas veces,*
*no hubiera podido precisar el momento*
*en que creyó entender; también en*
*el ajedrez y en el amor hay esos*
*instantes en que la niebla se **triza** y*
*es entonces que se cumplen las jugadas*
*o los actos que un segundo antes*
*hubieran sido **inconcebibles**.*

**Julio Cortázar,**
«Reunión con un círculo rojo»,
en *Alguien que anda por ahí* (1977).

Inconcebible: que no se puede
imaginar o comprender.

# ULTRATUMBA

Lugar donde se piensa que se llega tras
la muerte.

*Gruñendo mientras avanzaba*
*a trompicones, Andrés llegó a lo alto*
*de la montaña y comenzó a descender*
*por el valle de las voces. Era aquel*
*un lugar **angosto** y poblado de pinos*
*que conocía bien, pues lo visitaba con*
*frecuencia. Desde allí, en lo más hondo*
*de la **vaguada,** se oían con toda nitidez,*
*como si una voz de **ultratumba***
*se las fuera soplando al lado mismo*
*de los **tímpanos,** las conversaciones*
*que se mantenían muy lejos, en la plaza*
*del pueblo o en el campamento militar.*

**Pedro Zarraluki,**
*Un encargo difícil* (2006).

**Gruñir:** murmurar entre dientes mostrando disgusto, enfado.

**A trompicones:** a tropezones.

**Angosto, ta:** estrecho, reducido.

**Vaguada:** parte más honda de un valle, que es el camino por donde discurren las aguas de las corrientes naturales.

**Tímpano:** membrana que separa el oído de la oreja.

# UMBRAL
Parte inferior en la puerta o entrada de una casa.

*No hay ascensor y sube andando
por las escaleras hasta el segundo piso.
Sin dudarlo se dirige a la puerta
izquierda y, tras un instante de
vacilación, pulsa el timbre y espera.
Se escuchan unos pasos que se acercan
desde el interior de la vivienda.
Oye girar la* **mirilla** *metálica y,
acto seguido, la puerta se abre, y una
mujer de edad avanzada y pelo canoso
recogido en un moño aparece
en el* **umbral.**

**José María Guelbenzu,**
*El amor verdadero* (2010).

Mirilla: pequeña abertura que hay en la puerta de entrada de una casa para poder ver quién llama; se llama así también a la fina lámina metálica con que se la suele tapar.

**Empicorotado, da:** puesto en el pico, encaramado en un lugar alto.

**Frenéticamente:** con frenesí, con exaltación; en el texto, con todas sus fuerzas y con toda rapidez.

**Heroico, ca:** admirable por su condición extrema; se aplica a una acción digna de un héroe, por su virtud, por su hazaña.

# VAGABUNDEO

Paseo hecho sin ningún objetivo.

*Fue aquel **vagabundeo** de todo
el santo día por calles y plazas, paseos
y jardines, curioseando en lo que no
costara dinero —pues dinero no tenía
ninguno, ni podía pedirlo a mis padres,
que luchaban, como yo bien sabía,
con la **penuria** de siempre— lo que
me permitió apoderarme de la ciudad,
incorporarme a ella.*

**Francisco Ayala,**
*Recuerdos y olvidos. 1.
Del paraíso al destierro (1982).*

**Penuria:** escasez, falta de cosas necesarias.

# VACILACIÓN

Irresolución, dificultad para tomar una decisión.

*Paso media mañana mirando las
**vacilaciones** de un par de golondrinas
que no acaban de atreverse al vuelo.
Debe de ser su primera salida. Una
de ellas, **empicorotada** en una ramilla
alta que se curva bajo su peso, aletea
**frenéticamente,** está a punto de soltarse
y luego se detiene asustada. Los padres,
con una paciencia **heroica,** se turnan
para alimentarles.*

**Jaime Gil de Biedma,**
*Diario del artista seriamente enfermo (1974).*

# VENTOLERA

Golpe de viento fuerte y que dura poco.

*No sé a qué fueron debidas aquellas fiebres que pasaron como una* **ventolera** *dolorosa, removiendo los rincones de mi espíritu, pero barriendo también sus nubes negras. El caso es que desaparecieron antes de que nadie hubiera pensado en llamar al médico y que al cesar me dejaron una extraña y débil sensación de bienestar.*

**Carmen Laforet,**
*Nada* (1945).

# XILOGRAFÍA

Grabado que se hacía por medio de planchas de madera.

*—Tras darle muchas vueltas he seleccionado dos candidatos —cogió dos libros del suelo y los puso en la mesa—. Diga qué le parecen.*

*Se inclinó Corso sobre los volúmenes y abrió uno de ellos. Lo hizo por una página con grabado,* **xilografía** *con tres hombres y una mujer trabajando en una mina. Era la segunda edición latina del De re metallica de Georgius Agricola, hecha por Froben y Episcopius en Basilea solo cinco años después de la primera* **impresión** *de 1556.*

**Arturo Pérez-Reverte,**
*El club Dumas* (1993).

Impresión: edición.

**69**

# YELMO

Parte de la armadura antigua que resguardaba la cabeza y el rostro; se componía de morrión, visera y babera.

*Sin sus salidas al mundo de la aventura, el mundo real no habría sido conocido y él no estaría navegando por el Mar Tenebroso. Su preferido es Marco Polo, el de las tierras de Asia, el gigante veneciano a quien el Gran Khan le obsequiara un **yelmo** de oro para sus servicios. Podía cortar por la mitad de un solo golpe con el filo de su espada al enemigo más corpulento. Podía escribir con la punta pequeños poemas chinos en un pétalo de loto.*

**Augusto Roa Bastos,**
*Vigilia del Almirante* (1992).

Obsequiar: regalar.

Corpulento, ta: de cuerpo grande, voluminoso.

# ZAGUÁN

Espacio cubierto en la entrada de una casa, al que se llega franqueando la puerta de la calle.

*En el **zaguán** no había más luz que la que entraba por el montante de la puerta que daba al jardín. A su derecha, unas cortinas que debían comunicar con un comedor o sala de estar. Las seis maletas que estaban junto a él eran flamantes y de un corte tan moderno que desentonaban de aquel lugar y menaje.*

**Francisco García Pavón,**
*Las hermanas coloradas* (1970).

Montante: ventana situada encima de la puerta de una habitación.

Flamante: nuevo.

Menaje: muebles y objetos de una casa.

# ZAMBULLIRSE

Meterse de golpe debajo del agua.

*A los días bajó de nuevo Alfanhuí a la cueva y encontró a la araña casi apagada y moribunda, porque estaba atada y no podía alimentarse. Por las venillas descendentes bajaban luces de seis colores que se **derramaban** por el charco y dibujaban **halos tornasolados** sobre el líquido verde, que se había oscurecido. Alfanhuí soltó la araña para que se **zambullera** en el agua y se reanimara bebiendo por las venillas. La araña se alimentó de otros colores que no eran el verde y tomaba luces mezcladas y revivía.*

**Rafael Sánchez Ferlosio,**
*Industrias y andanzas de Alfanhuí (1951).*

**Derramarse:** extenderse.

**Halo:** círculo difuso de luz.

**Tornasolado, da:** con reflejos que produce la luz.

# ZUMBAR

Producir un ruido o sonido continuado y agudo.

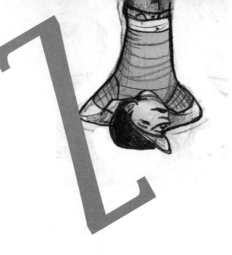

*Los niños desayunábamos chocolate
en la cocina en una mesa con un mantel
de **hule** con cuadros azules y blancos.
Entraba una luz de mañana blanca
y rosa y se veían las flores desde
la ventana con moscas de colores
**zumbando** en los cristales llenos de sol.*

*Olía a día feliz, y después de desayunar,
Helena y yo salimos a cazar mariposas.*

**Julián Ayesta,**
*Elena o el mar del verano* (1958).

**Hule:** tela plastificada impermeable, barnizada por un solo lado.

# ZURCIDOR, ORA

El que zurce o cose la rotura de una tela; lo hace supliendo, con puntadas muy juntas y entrecruzadas, los hilos que faltan en el agujero del tejido.

*A medida que iba **entretejiendo** los **fragmentos** de rica **tapicería,** en cuyo fondo se divisaban ciudades, fortalezas, multitudes con blancos albornoces y desnudas **cimitarras,** la **zurcidora** sentía que dentro de su espíritu **palpitaba** algo nuevo, y su humilde trabajo de mujer, que **alternaba** con el de la **rueca** y el **huso,** el bordado y el telar, adquiría una grandiosidad no sospechada. Su aguja, día tras día, ensanchaba los **términos** de la historia.*

**Emilia Pardo Bazán,**
«La zurcidora», cuento publicado en *El Imparcial,*
el 23 de diciembre de 1918.

**Entretejer:** trabar, enlazar una cosa con otra.

**Fragmento:** trozo.

**Tapicería:** propio de los tapices, es decir, de paños grandes, tejidos con distintos tipos de hilo (desde seda o lana a oro y plata), que sirven de adorno en las paredes.

**Cimitarra:** sable usado por turcos y persas.

**Palpitar:** latir, manifestarse algún afecto o pasión.

**Alternar:** variar las acciones haciendo ya unas cosas ya otras.

**Huso, rueca, hilar:** hilar es una acción que consiste en que una persona va torciendo la lana —lavada y peinada— con sus dedos, la convierte en hilo y la recoge en un *huso*. La *rueca* es un artilugio más complejo que el *huso* (aunque ambos son muy antiguos), en que un pedal mueve una rueda que permite que la máquina tuerza los hilos y los vaya recogiendo.

**Término:** límite, punto final.

# ACTIVIDADES DIDÁCTICAS

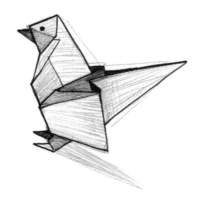

# EJERCICIOS SOBRE LAS CIEN PALABRAS DEL DICCIONARIO

1. Aprender a usar las palabras del pequeño diccionario te permitirá expresarte mejor, porque puedes utilizarlas todas ellas en tus conversaciones o cuando escribas. Pon primero una de las cien palabras en los huecos que se dejan en estos ejemplos, y luego busca otra palabra (o una expresión) que signifique lo mismo, un sinónimo.

   a) María está intentando resolver un problema de matemáticas, pero no lo consigue. Se desanima, y, al darse cuenta, su padre le dice:

      —Esfuérzate, hazlo con ............................. y lo lograrás.

   b) Llueve mucho. Juan y Adela se están mojando aunque lleven paraguas.

      —Vamos a entrar en este café —le dice Adela a Juan—, a esperar a que ............................. .

   c) Ana había logrado atravesar toda la bahía a nado, ¡era una auténtica .............................!

   d) Alfredo se levanta muy temprano porque desde la cubierta del barco quiere ver los saltos de los delfines. Pero hay tal ............................. que no puede ver nada.

   e) Marta está en Edimburgo y escribe en su diario:

      —Hoy hace mucho frío. Está nevando. Echo de menos mi casa, a mis hermanos, a mis padres. Siento ............................. de mi tierra.

   f) Miguel se levantó sin hacer ruido porque quería ser el primero en ver los regalos de los Reyes Magos; pero al llegar al pasillo, oyó ............................. la madera del salón, ¡alguien se le había adelantado!

   g) Ana se levanta muy pronto. Hace un día espléndido, pero la noche ha sido fresca. Sale al jardín y ve las hojas de las plantas llenas de ............................. . Están a punto de apagarse las estrellas, solo quedan aún en el cielo los ............................. .

h) Eduardo llega a la puerta de la casa. Como está cerrada, la golpea con el gran ............... ............... Alguien, a quien no puede ver, le abre. Entra en el ............... de la vieja casona. Tiene una entrada oscura, ..............., y empieza a tener miedo. Al fondo ve la ............... de una persona recortada a ................ Y oye cómo, detrás de él, alguien ............... la puerta. Un enorme perro empieza a ............... sus pantalones.

i) Daniela anda por las calles sin rumbo, es decir, ...............; de pronto se acuerda del mensaje que no ha podido ............... Le falta una palabra para entenderlo. A lo lejos cree ver a un amigo suyo, pero no es así, era solo un ............... ¡Esta era la palabra que le faltaba!

j) El avión supersónico ha dejado una larga ............... en el cielo, que desaparece entre las nubes. Pero de pronto estas se rompen, como si fueran trozos de tela, y por entre los ............... vuelve a aparecer la línea blanca.

k) José sale del agua ............... de tal forma que moja todo el suelo. Ve que se asoma en el ............... de la puerta su hermana, pero él va a tenderse en la ............... que hay entre los árboles. Ha nadado mucho, y está tan cansado que se le nota el esfuerzo al respirar porque ................

l) Andrea quiere hacerse un collar con conchas, pero tiene que agujerealas primero para poderlas ............... con un hilo fuerte, que no se rompa.

m) La barca ha llegado cerca de la ............... del río; David había visto a lo lejos un barco, pero ya no está; parece que se ha ................

n) Isabel no sabía qué decisión tomar, ...............; pero al final pensó que era mejor ............... en la Universidad que no pasarse un año sin hacer nada, es decir, ...............

o) Andaba con mucha elegancia, tenía ...............; pero ese día no había elegido bien su vestido porque era demasiado ...............; llamaba la atención.

p) Fernando miró al cielo y vio que allá lejos pasaba una ............... de aves. Las hojas de los árboles apenas se movían con la suave ............... que soplaba.

q) Todo lo que le habían dicho sobre su compañero era falso, un ........................................; ¡menos mal que él no llegó a enterarse, porque le habría dolido mucho!

r) Los magnolios tenían tantas flores que su ................................ casi mareaba.

s) Se puso tan contento al oír la noticia que se puso a dar saltos, a ................................ .

t) La estatua era enorme, ................................, tanto que daba miedo.

u) Ya no trabajaba porque era viejo y se había ................................; pero aprovechaba el tiempo. Tenía un jardín, plantaba semillas en la tierra y le gustaba mucho ver cómo ........................ las plantas.

v) Todo lo que se contaba en la novela era ................................, no era verdadero.

w) Juan parecía enfadado, movía los brazos, ................................ . Elena quiso saber qué le pasaba; pero él no quiso contárselo. Pronto lo supo: se le había quemado la manzana en el horno; un olor a chamuscado lo ................................ .

x) Podían ver muy bien los pequeños pueblos costeros, porque el barco ........................................ .

y) Unas golondrinas habían hecho su nido en el ................................ del tejado de la casa.

z) Alguien entró muy despacio, ................................, en su habitación. ¿Estarían ................................ algo contra él sus compañeros? No podía más que taparse con el ................................ de la sábana y fingir que dormía.

**2.** Escribe cinco fragmentos de diálogo en los que aparezcan las siguientes palabras (una en cada uno de ellos): *oprimir, plagado-da, gélido-da, brizna, delatar.* Y como es lógico, de forma que se pueda entender qué significan.

**3.** Escribe cinco frases en las que aparezcan las palabras siguientes: *colosal, chirriar, intensificarse, súbito-ta, surco.* Una en cada una de ellas.

**4.** Muchas palabras significan varias cosas, tienen distintas acepciones o tienen matices distintos si se aplican a una situación u otra, a una cosa o a otra diferente.

Así se ha visto que sucede con la palabra *cometa.* Con la palabra *noria* podemos referirnos a dos cosas distintas, aunque puedan tener alguna semejanza. ¿Qué es para ti una noria?, ¿dónde la encuentras? Busca palabras que signifiquen dos cosas diferentes.

**5.** Hay palabras que pueden utilizarse en su sentido recto y en su sentido figurado; por ejemplo *ventolera*. En la oración «Le dio la ventolera de marcharse de casa a la aventura», ¿qué te parece que quiere decir?

Ya has leído lo que significa *matraca,* pero si lees «Le dio la matraca todo el mes para que le comprara ese ordenador», ¿qué quiere decir?

¿Qué significa *remanso* en «Vivía un auténtico remanso en su vida, y disfrutaba con ello después de haber viajado tanto»?

Lee el significado de *husmear* en el trozo de texto del diccionario, y a partir de él, di qué quiere decir en la oración «Andaba husmeando siempre en todas sus cosas, no le dejaba en paz».

**6.** En tres de los textos aparece el verbo *oprimir:* en los de Rosa Chacel, Alejo Carpentier y Miguel Delibes. Aunque el significado sea siempre el mismo, en uno de los textos tiene un matiz distinto, ¿cuál es? Explica con exactitud el sentido que tiene *oprimir* en cada uno de ellos.

**7.** ¿Qué es lo que puede bifurcarse? ¿Qué puede brotar? ¿Y combarse? ¿Has jugado a la comba?, ¿por qué te parece que se llama así?

¿Puede amainar un aroma? ¿Qué es lo que puede amainar?

¿Alguna vez te cubres con el embozo de la sábana?, ¿por qué razón lo haces?

Advierte que toda palabra necesita un contexto, que no puede decirse sin más, sin ton ni son. Y que hay verbos que solo pueden aplicarse a algunos sustantivos, no a todos.

**8.** Busca entre las cien palabras del pequeño diccionario las que están relacionadas con el agua, con el fuego o con el aire.

**9.** Haz una lista con las palabras del pequeño diccionario que estén relacionadas con los sentidos, y di con cuáles.

**10.** Dibuja una casa, y en ella pon un alero, y una puerta con aldabón. Busca las palabras que puedas explicar con un dibujo (por ejemplo, *oval).*

**11.** Definir las palabras no es fácil. Imagínate que tú sabes qué significa una palabra, pero una amiga tuya, que es japonesa, no, y tienes que explicárselo para que pueda entenderla.

Define los siguientes sustantivos: escalera, puente, rueda, paraguas, calendario, lápiz, libro, sartén, tijera, mantel.

Ahora los adjetivos siguientes: confortable, elegante, sucio, mimoso, inútil, inteligente, torpe, dulce, asqueroso, soso.

Y estos verbos: cortar, beber, saltar, caminar, oler, descubrir, volar, acariciar, comprar, limpiar.

**12.** Entre las cien palabras, hay verbos, adjetivos y adverbios. Copia cinco verbos, cinco adjetivos y un adverbio.

**13.** Algunos de los fragmentos de textos tienen datos suficientes para poder iniciar un breve relato, por ejemplo el de Ana M.ª Matute (con la palabra *brotar),* el de Ana María Moix (con la palabra *embozo),* o el de Alejo Carpentier (con la palabra *oprimir).* Invéntate una continuación. Escoge luego otro texto del diccionario que te sugiera un relato breve, escríbelo e incluye el pasaje en algún momento de tu narración.

**14.** En los cien fragmentos de textos solo se repite un escritor, búscalo. Uno de sus dos textos es un trozo de una comedia, y ese fragmento es también distinto a los demás, ¿por qué?

**15.** En dos textos distintos aparecen palabras equivalentes o relacionadas; por ejemplo, *cúpula* y *bóveda;* por eso pongo en cursiva la palabra *cúpula* al definir *bóveda;* o *antepecho* y *balaustrada.* Sucede algo parecido con el sustantivo *conspirador* y el verbo *conjurarse:* el primero está en el texto de Manuel Chaves Nogales (con la palabra *chorrear)* y el segundo en el de Javier Tomeo (con la palabra *oval);* busca las dos oraciones con estas últimas palabras, y a partir de ellas escribe otra donde uses uno de los dos términos.

**16.** En el texto de Ana M.ª Matute (con la palabra *brotar),* «los árboles clarean» y dejan pasar la claridad porque son menos espesos —hay menos— o sus copas son menos tupidas. En el texto de Alejo Carpentier (con la palabra *oprimir),* el narrador dice que le daba la impresión de que el techo bajo servía «para enrarecer el aire que respiraba». Advierte que «clarear» o «enrarecer» supone lo mismo: hay menos árboles o menos aire; y, sin embargo, los efectos son opuestos, ¿por qué?

**17.** Se definen dos palabras de significado muy parecido: *deambular* y *vagabundear (vagabundeo),* ¿qué es lo que tienen en común?

**18.** Para hablar del hecho de sumergirse en el agua, se han utilizado términos distintos, con matices diversos: *inmersión, chapuzón* y *zambullirse.* Búscalos en los textos e indica sus diferencias.

**19.** ¿Cómo relacionas el verbo *empapar* con *chorrear?* Los dos están definidos en el pequeño diccionario.

**20.** Si hay alguna palabra en los textos que no entiendas y que no esté definida al pie, búscala en el diccionario y escribe una frase en donde aparezca, porque así aprenderás a usarla.

# Actividades Didácticas

# EJERCICIOS SOBRE LOS TEXTOS
# Y LAS PALABRAS COMPLEMENTARIAS

**1.** Algunos textos tienen muy pocas palabras difíciles o que no se usan de forma continua, y otros tienen más. Busca un texto con muchas palabras definidas al pie (por ejemplo, el de Gerardo Diego sobre *cometa* o el de Juan Goytisolo sobre *intensificarse),* e intenta sustituir esas palabras por otras semejantes o por una frase equivalente.

**2.** Con unas pocas líneas se puede crear una atmósfera, un ambiente; así lo vemos en el texto de Manuel Chaves Nogales (con la palabra *chorrear).* ¿Podrías dibujar el interior de ese café? Añade más detalles a los que pinta el escritor. ¿Por qué el cristal de las paredes está empañado por el vaho? Si el gato bosteza y se relame, ¿por qué razón lo hace?

**3.** En el texto de Juan Rulfo (con la palabra *hendidura),* hay una onomatopeya, palabra que reproduce sonido, ¿cuál es? Y también lo es un verbo muy sonoro que está en el mismo relato, ¿cuál?

No aparece persona alguna en el fragmento, ¿quiénes son los que realizan las acciones? ¿Qué sentidos pueden captar lo que sucede en el relato? Indica las palabras relacionadas con los distintos sentidos.

Lee ahora el texto de Rafael Alberti (con la palabra *trajinar);* también habla de un paisaje, pero ya aparece la presencia del ser humano, ¿cómo lo hace? Es un «viejo bosque sucedido» dice el escritor, ¿por qué? ¿Con qué palabras expresa que todo es «como un recuerdo» porque ha sucedido ya?

**4.** En el texto de Evelio Rosero (con la palabra *husmear)* el protagonista, que es a la vez el narrador, el que cuenta lo que le pasa, tiene miedo, ¿cómo lo sabemos? También en el fragmento del cuento de Valle-Inclán (con la palabra *implacable)* se habla de miedo, ¿es el mismo tipo de miedo? ¿Se narra el sentimiento del miedo de la misma forma? ¿Te parece que los dos personajes tienen la misma edad cuando lo viven?

Los dos textos están narrados en primera persona, pero no en el mismo tiempo verbal, porque uno sucede en el presente, en el momento de contarlo, y el otro lo cuenta como ocurrido en el pasado, ¿cómo puedes saberlo?

**5.** El texto Vicente Aleixandre (con la palabra *chapuzón)* y el de Jorge Guillén (con la palabra *par)* retratan a dos escritores: a Miguel Hernández y a Gabriel Miró. ¿Qué es lo que destaca Aleixandre en Miguel Hernández?, ¿y Guillén, en Gabriel Miró? ¿Cómo sabes que son retratos?

**6.** El texto de Luis Goytisolo (con la palabra *paulatinamente)* logra expresar movimiento, ¿cómo lo consigue? Habla de un viaje en tren, ¿hay algún otro viaje mencionado en otros textos?

**7.** Compara dos fragmentos de textos que tienes contiguos en el libro, el de Pedro Zarraluki (con la palabra *ultratumba)* y el de José María Guelbenzu (con la palabra *umbral); el* espacio que evocan, que describen es muy distinto: ¿dónde sucede el primer relato?, ¿y el segundo? Zarraluki narra en el pasado, ¿qué tiempos verbales usa? En cambio, Guelbenzu lo hace en el presente: copia los verbos del trozo de texto y di en qué tiempos están.

**8.** En el texto de Manuel Altolaguirre (con la palabra *escueto),* se menciona la ciudad de París, ¿se describe algo de ella o es solo el fondo para contar otra cosa? ¿Qué es lo que narra el escritor? ¿Te parece que el poema de Altolaguirre es escueto, como él dice?

París aparece además en el texto de Gonzalo Torrente Ballester (con la palabra *tétrico);* ¿la ciudad es también solo el fondo del relato, o tiene más importancia que suceda en París lo que cuenta?, ¿por qué? Si no fuera París, sería necesario que lo que se narra pasara en otra ciudad con algunas características, ¿cuáles?

El fragmento del texto de Eduardo Mendoza acaba con «No volveré a pisar las calles de Venecia, se dijo», ¿cómo podemos saber que el narrador está en Venecia?

**9.** En tres de los textos aparece un perro: en el de Augusto Monterroso (con la palabra *ahínco),* en el de Esther Tusquets (con la palabra *garbo)* y en el de Evelio Rosero (con la palabra *husmear).* Compáralos y señala las diferencias que veas en la presencia del perro en los tres fragmentos literarios. Hay otro en que se menciona a un grupo de perros cazando, ¿cuál es la palabra que los designa?

En el texto de Monterroso se dice que el perro «trabajaba con ahínco» en lo que se le había metido en la cabeza, ¿qué quería ser el perro? ¿Te parece que habla en serio el escritor?

¿Cómo era la perra Safo según cuenta Esther Tusquets? ¿Qué rasgos la caracterizan? ¿Qué quiere decir al afirmar que «era muy suya mi perra Safo»? ¿Se nota que la escritora quiere a su perra o no? Justifica tu respuesta.

**10.** Tanto el texto de Federico García Lorca (con la palabra *alero)* como el de Gerardo Diego (con la palabra *cometa)* tratan de las propias palabras. ¿Por qué le parece a García Lorca una imagen magnífica llamar *alero* a la parte saliente del tejado? ¿Con qué palabra relacionas *alero?* ¿Sabes qué es un tocino de cielo? ¿Conoces algún otro nombre de dulce que sea una imagen? Por ejemplo, ¿cómo se llama a las fibras caramelizadas de calabaza, que parecen hilos confitados?

A Gerardo Diego, desde niño, le asombró que un cometa fuera algo distinto a una cometa. En el pequeño diccionario está la palabra femenina *pez,* que no significa lo mismo que *el pez;* define a este último. ¿Es exactamente lo mismo un cesto que una cesta?

**11.** Hay textos en que se nota que hace frío y otros en que hace calor; por ejemplo, el de José Luis García Martín (con la palabra *chisporroteo),* ¿cómo puedes saberlo? La palabra *chisporroteo* reproduce un sonido, ¿cómo se llaman estas palabras?

**12.** En algunos fragmentos de texto el escritor habla de recuerdos; por ejemplo, Luis Mateo Díez (con la palabra *estela*). ¿Qué es lo que le lleva a recordar algo?

En el de Soledad Puértolas (con *fardo*), ¿qué le pasa al narrador con los recuerdos?, ¿por qué los ve como fardos?

**13.** Benjamín Jarnés (en el texto con la palabra *fulgurante*) utiliza imágenes para describir el efecto de las palabras. ¿Por qué dice que «hay palabras abejas»? ¿Qué te pasaría si te dijeran una de ellas? ¿Cómo serán las palabras que él ve como «palomas errantes»? ¿Y las «palabras resortes»? Un resorte es un muelle, pero en este caso sirve para algo, ¿para qué? ¿Por qué une a las palabras resorte la expresión «Ábrete, sésamo»?

**14.** Hay un personaje de ficción que se llama el Capitán Garfio, ¿por qué? Si no lo conoces, busca datos sobre él; si has leído *Peter Pan,* sabrás muy bien quién es: haz un breve retrato del personaje literario.

**15.** Mairena es un personaje de Antonio Machado (texto con la palabra *gesticular*); nos da una pequeña lección sobre cómo tenemos que leer. Recuerda que, para leer bien en voz alta, hay primero que entender muy bien lo que se va a leer; solo así se podrá entonar adecuadamente la frase. Lee en voz alta el fragmento de texto que sigue a este, el de Gabriel García Márquez (con la palabra *hamaca*). Haz bien las pausas. Advierte que se pasa del cansancio, por la larga travesía hecha, a la admiración por lo que ven al despertar.

En otro texto, el de Pedro Salinas (con la palabra *lograr*), también se habla de la lectura. Según el escritor, ¿cómo se aprende a leer bien? ¿Por qué es tan importante leer? Advierte que, aunque no te des cuenta, estás leyendo todo el día, y si no entiendes lo que lees, no puedes andar por el mundo. Si has estado en un país extranjero, cuyo idioma no sepas, recuerda cómo vas perdido, sin entender lo que ves escrito (ni lo que te dicen, claro está).

**16.** En el texto de Octavio Paz (con la palabra *identidad*), el narrador ve entre sombras distintos objetos y los van cambiando, según su forma, en animales (es lo que le parece ver). Imagina un salón o un despacho, y en él pon objetos que, a media luz, parezcan otras cosas, y cuéntalo. ¿Por qué te parece que tenemos carnet de identidad?, ¿de qué nos sirve?

**17.** Juan Ramón Jiménez, el gran poeta y autor de *Platero y yo,* comienza así un poema:

> ...Y yo me iré. Y se quedarán los pájaros
> cantando;
> y se quedará mi huerto, con su verde árbol,
> y con su pozo blanco.

Es lo mismo que dice Azorín en el texto (con la palabra *lucero*). ¿Qué es lo que están diciendo los dos escritores? Advierte que frente a lo perenne, está lo caduco; y frente a lo perdurable, está lo efímero, lo fugitivo, lo que dura muy poco. ¿Quién vive más el ser humano o el árbol?, ¿la flor o el gato?

**18.** Javier Cercas (texto con la palabra *ocioso, sa*) describe un paisaje marino, que ve desde tierra. Indica lo que está en el mar y lo que está en el puerto.

**19.** En el texto de Javier Tomeo (con la palabra *oval),* el narrador no habla en serio, sino en broma, ¿cómo puedes saberlo?

**20.** El ser humano duerme y así descansa. En el texto de Miguel Delibes (con la palabra *quedamente),* vemos a un niño en el momento de dormirse. En el de Alejo Carpentier (con la palabra *oprimir),* a un hombre que no puede ya dormir una noche entera. Compara las dos formas de dormir, los dos sueños, ¿qué los distingue? ¿Qué le pasa al hombre? ¿Qué quiere decir «tener la impresión de» algo?, ¿es siempre cierto y real lo que nos parece?, ¿puede serlo?

**21.** En el texto de María Teresa León se habla de *surcos* en sentido figurado; ¿en dónde puedes ver surcos reales? ¿Qué es lo que puede dejar un surco en nuestra vida, una huella honda en nuestros recuerdos? ¿Recuerdas algo que te haya dejado marca, huella?

**22.** Don Quijote se lanza a vivir aventuras como caballero andante porque ha leído tantos libros de caballerías que quiere hacer lo mismo que los protagonistas de esas obras; por eso dice Moreno Villa (texto con la palabra *temerario)* que don Quijote «es el intelectual en acción». ¿Qué es lo que guía a don Quijote? Recuerda la aventura de los molinos, que a él le parecen gigantes, ¿por qué los ataca? A menudo la ignorancia de lo que le rodea le lleva a caer en errores importantes al caballero andante que lo aprendió todo en los libros. Así sucede en la aventura de los galeotes, porque no se da cuenta de que son peligrosos delincuentes. Lee la aventura —donde está Ginés de Pasamonte— y resúmela.

**23.** Jaime Gil de Biedma (texto con el término *vacilación)* emplea una palabra que no está aún en el diccionario: «empicorotada»; pero es muy fácil de entender. Una golondrina está «empicorotada en una ramilla alta que se curva bajo su peso»; ¿cómo podemos saber qué significa? ¿Podrías utilizar esta rara palabra en una frase distinta? Si tienes imaginación, podrás ver a damas empicorotadas sobre sus altísimos tacones de aguja porque ahora están muy de moda.

**24.** ¿Cómo dice Francisco Ayala que se apodera de la ciudad? ¿En qué consiste «apoderarse de la ciudad»?, ¿quiere decir conquistarla? La palabra clave de ese fragmento es *vagabundeo.* ¿Qué es un vagabundo? Si vagabundea, como dice el escritor, ¿es un vagabundo de verdad? ¿Te gusta curiosear como hace él?, ¿dónde puedes hacerlo?

**25.** En el texto de Juan Benet —con la palabra *amainar*— se habla de un gorrión, ¿has visto alguna vez uno?, ¿podrías describirlo? Si no sabes cómo es el pájaro, busca la palabra en Internet y, después de verlo, descríbelo. En el texto citado de Jaime Gil de Biedma (con la palabra *vacilación),* se habla de golondrinas, ¿cómo son esos pájaros? ¿Cuándo los vemos? ¿Dónde hacen sus nidos?

**26.** En el mismo texto de Juan Benet, se habla de los chopos, ¿cómo es este árbol? ¿Dónde lo puedes encontrar? Si no sabes cómo es, haz lo mismo que con el gorrión, búscalo en Internet y luego lo describes. ¿Qué otros árboles conoces? En el texto de Pedro Zarraluki (con la palabra *ultratumba),* se habla de un lugar «poblado de pinos», ¿cómo son los pinos? ¿Qué fruto dan algunos tipos de pinos?

**27.** En el texto de Álvaro Pombo —con la palabra *brizna*— se dice que el aguanieve teclea en el cristal de las ventanas las letras del agua y de la nieve. Es una forma de hablar figurada, con metáforas, porque las gotas de aguanieve no teclean, el cristal no es un teclado ni una pantalla de ordenador, y lo que queda en esa superficie de la ventana no son letras. Pero se entiende muy bien lo que dice, y así podemos ver esas gotitas de aguanieve que golpean en el cristal de la ventana de otra forma. Intenta hacer lo mismo, pero describiendo otra cosa; por ejemplo, la lluvia que cae sobre una superficie de agua, o la piedra que lanzas en el agua y que va dando saltos hasta sumergirse. U otra realidad que te permita transformarla en algo distinto gracias a las palabras que utilices para contarlo.

**28.** Rubén Darío narra una «historia prodigiosa», la de la princesa Psiquia (texto con la palabra *colosal*). Fíjate en que en el breve fragmento del texto logra ya meternos a los lectores en un espacio fabuloso; ¿cómo lo consigue? Señala las palabras que dan belleza y exotismo al texto, que son hermosas y raras. Y también indica aquellas que están relacionadas con los sentidos, y di con cuáles.

**29.** Escoge cinco escritores cuyas palabras me han servido para escribir el pequeño diccionario de autoridades, busca datos suyos y escribe una pequeña biografía de cada uno de ellos. Si recurres a Internet, recuerda que tienes que contrastar todos los datos, es decir, comprobar que siempre son los mismos en varias páginas web, porque en este inmenso y utilísimo depósito de datos se mezclan los auténticos con los falsos.

**30.** El significado de las palabras definidas al pie de los textos es el de su uso en estos; pero algunas de ellas quieren decir otra cosa rodeadas de otras palabras, en otros contextos; o a veces son matices solo los que las distinguen en un lugar u otro. Por ejemplo, las siguientes: *barajar, quiosco, escaño, hipotecar, arte, soplo*. Di qué significado tienen en estas oraciones:

**a)** Está *barajando* la idea de irse a vivir al campo, pero no acaba de decidirse.

**b)** ¿Quieres jugar una partida de cartas? *Barájalas* tú mismo.

**c)** En el *quiosco* de la música que había en medio del parque, una mañana un joven se puso a tocar el violín.

**d)** Voy al *quiosco* a comprar el periódico.

**e)** En las elecciones consiguió el *escaño* de diputado.

**f)** Apenas podía vivir porque había *hipotecado* la casa y todos los meses tenía que pagar mucho dinero.

**g)** Hacía una noche serena, y el pescador echó al mar el *arte* de pesca.

**h)** Tenemos un examen de Historia del *Arte;* la profesora nos mostrará tres cuadros y tendremos que decir de qué pintores son.

**i)** Baila sin gracia, no tiene *arte*.

**j)** Un ladronzuelo le dio el *soplo* a la policía de que iba a acercarse esa noche a la costa una lancha con tabaco de contrabando.

# ÍNDICES

# LAS CIEN PALABRAS DEFINIDAS

## R

recodo
relevancia
remanso
remoto, ta
rocío

## S

silueta
simétrico, ca
sofisticado, da
súbito, ta
surco

## T

tedio
temerario, ria
tétrico, ca
trajinar
trizar

## U

ultratumba
umbral

## V

vacilación
vagabundeo
ventolera

## X

xilografía

## Y

yelmo

## Z

zaguán
zambullirse
zumbar
zurcidor, ora

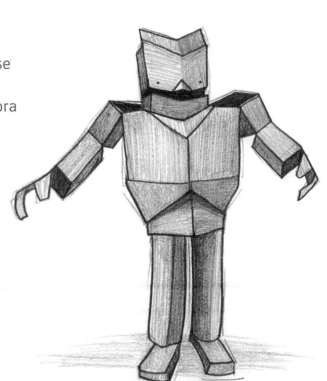

# Índice

## OTRAS PALABRAS DEFINIDAS AL PIE DE LOS TEXTOS

## A B C D E F G H I J K L M N O P Q R S T U V W X Y Z

CIEN PALABRAS

# Índice

# ESCRITORES CITADOS

Algunos de los nombres que usan los escritores son artísticos o variaciones de sus apellidos: Josefina Aldecoa (Josefina Rodríguez utilizó como nombre artístico el apellido de su marido), Corpus Barga, Rubén Darío (Félix Rubén García Sarmiento), Eduardo Galeano, Belén Gopegui, Pablo Neruda (Ricardo Eliécer Neftalí Reyes), Juan Rulfo, Francisco Umbral (Francisco Alejandro Pérez Martínez); Azorín es el seudónimo de José Martínez Ruiz.